工资理财

工薪族的小额理财方式

林晓军◎编著

中国铁道出版社有限公司
CHINA RAILWAY PUBLISHING HOUSE CO., LTD.

内 容 简 介

本书从工薪族薪酬模式的角度出发，介绍了不同收入模式下适合的各类理财产品及投资技巧，帮助工薪族在筛选适合自己的理财产品的同时，掌握相应的投资方法。具体来看，本书介绍了适合月余零钱、每月固定死工资、浮动工资、额外奖金及年终大奖这些薪酬收入的多种理财方式。

本书适合收入稳定的工薪阶层进行理财规划，也适合有投资理财想法的初学者和理财爱好者进行相关知识的学习、了解。

图书在版编目（CIP）数据

工资理财：工薪族的小额理财方式 / 林晓军编著 .—北京：中国铁道出版社有限公司，2021.9
ISBN 978-7-113-28218-9

Ⅰ. ①工… Ⅱ. ①林… Ⅲ. ①工资 - 私人投资 - 基本知识 Ⅳ. ① F830.59

中国版本图书馆 CIP 数据核字 (2021) 第 153723 号

书　　名：工资理财：工薪族的小额理财方式
GONGZI LICAI：GONGXINZU DE XIAOE LICAI FANGSHI
作　　者：林晓军

责任编辑：张亚慧　　**编辑部电话：**（010）51873035　　**邮箱：**lampard@vip. 163. com
编辑助理：张　明
封面设计：宿　萌
责任校对：苗　丹
责任印制：赵星辰

出版发行：中国铁道出版社有限公司（100054，北京市西城区右安门西街 8 号）
印　　刷：三河市宏盛印务有限公司
版　　次：2021 年 9 月第 1 版　2021 年 9 月第 1 次印刷
开　　本：700 mm×1 000 mm 1/16　印张：14　字数：173 千
书　　号：ISBN 978-7-113-28218-9
定　　价：59. 00 元

前言

什么时候开始做理财呢？

对于这一问题，不同的人有不同的观点，尤其是工薪族群体，有的工薪人员认为，理财应该要等到自己的财富积累达到一定水平，有了充足的闲置资金时再开始比较好；有的工薪人员则认为理财应该等到自己工作不忙，有比较充足的闲暇时间，有足够的精力钻研、分析时再开展比较好。

实则不然，越早开始理财对财富的增长越有利，因为在理财投资中，时间是影响财富增长的重要因素。虽然工薪族的薪酬比较固定，增长速度较慢，但是它具有稳定的特点，即每月都可以在固定时间领取到自己的薪酬。故此，我们可以充分利用这一点来进行理财，将每月薪酬的剩余部分进行投资，以实现资产的增长。

有的工薪人员认为自己的薪酬水平较低，除去日常的生活开销之后，结余不多，并不适合做理财。其实市面上的理财产品有很多，虽然确实有一些投资门槛较高，但是也有很多门槛较低，甚至是没有门槛的理财产品，例如股票型基金 10 元起投，而货币型基金 1 元起投。这些低门槛的理财产品同样能让投资者实现财富增值。

本书就是从工薪族的角度出发，结合工薪族的薪酬特点介绍了不同收入模式适合的多种理财产品。

全书共7章，大致可划分为三部分：

- ◆ 第一部分为第1章，这部分属于基础部分，也是工薪族开展理财活动前需要做的基础工作，包括树立个人理财的正确观念、确定需要达到的理财目的及做好财务管理工作等。只有在前期做好了这一系列的工作，工薪族才能在后期的理财投资中更加顺畅。
- ◆ 第二部分为第2～6章，这部分是全书的核心内容，从工薪族不同的薪酬收入模式角度出发，介绍了这些不同收入模式下适合的多种理财方式。具体包括适合月余零钱、每月固定工资、浮动工资、额外奖金及年终大奖的理财方式。
- ◆ 第三部分为第7章，这部分是理财技能提升方法的讲解，前面介绍的都是一些单项理财产品的投资方法，而本章为组合投资，让投资者学会搭建自己的投资组合，以便在分散投资的同时可以获得更稳健的投资收益。

本书的优势在于从工薪族的实际薪酬特点出发介绍投资产品，有助于不同薪酬模式下的各类工薪族开展自己的投资活动。同时书中采用大量的理财投资实例，帮助读者在理解的同时也能更精准地掌握投资的技巧，以便在日后的实际投资中可以灵活运用。

最后，希望所有读者都能从书中学到想学的知识，掌握各类收入模式下的理财投资技能，实现自己的理财梦。

编　者

2021年6月

目录

第 1 章　投资理财，先树立正确的投资观念

对于理财，很多人总是认为要等到自己有了足够的积蓄之后才开始，其实这是一种错误的观念。理财既是一种观念，也是一种态度，任何时候都可以做理财，即便只有小额资金也可以。

第 2 章 月余零钱处置得当，收益也可观

月余零钱是日常生活中比较常见的一部分小额资金，通常为生活开销余下部分，少则几十上百元，多则上千元。因为数额较少，所以经常被忽略，但实际上用这部分资金也可以做理财投资，处理得当同样可以获得不错的收益。

第3章 每月固定死工资，也可以活投资

大部分工薪族的工资都比较固定，每月几千元，上涨速度较慢，即便如此，我们也可以巧用自己的死工资来灵活投资，为自己增加收入。

第 4 章　浮动工资不稳定，收益来助力

有一些工薪族的工资收入并不固定，有时收入丰厚，但有时却只能满足基本开销。此时，工薪族则需要提前养成理财投资的习惯，当收入骤减时，还可以有投资收益来作为补充，避免生活陷入困境。

第5章 额外奖金补贴，为投资添砖加瓦

工薪族除了固定的工资收入之外，有时还会得到一些意外之喜，例如奖金、补贴等。因为这部分收入不是固定的，具有一定的偶然性，所以我们需要好好规划，丰富投资。

第 6 章　久盼的年终大奖，细致规划

每到年终，很多工薪族都会领到一笔丰厚的年终奖，这一笔资金也属于工资之外的收入，一般不会用于正常的生活开销，所以很多工薪族都希望能够通过年终奖来实现财富增值。但是，年终奖投资还是要提前做好规划安排，否则很可能出现亏损本金的情况。

第 7 章　多项目组合投资，分散风险

投资理财中最为核心的一点在于风险控制，而控制风险的最佳办法就是组合投资，即不将鸡蛋放在同一个篮子里，将资金分开来，投资到不同的理财产品中。

第1章

投资理财
先树立正确的投资观念

对于理财，很多人总是认为要等到自己有了足够的积蓄之后才开始，其实这是一种错误的观念。理财既是一种观念，也是一种态度，任何时候都可以做理财，即便只有小额资金也可以。

1.1　为什么我们需要理财

生活中有许多工薪族都处于一种想理财但自己却并不实施，而是一味地羡慕他人有财可理、能够理财的状态中。

实际上，上述状态中反映了一种错误的理财态度。理财并不是要等到我们有了充足的闲钱之后才开始的，理财本身就是一种对当前资产及未来财富的规划和安排，通过理财可以达到财产增值的目的。

1.1.1　工资增长太慢，收益作为补充

从一个大学生初入职场，由实习员工到正式职员，再转为资深员工，最后成长为高层管理人员的发展轨迹来看，前期实习期至正式职员时间为1～3个月，转正后薪酬可能翻倍。随后从正式职员到资深老员工，通常需要2～3年，此时薪酬还可以得到一定程度的增长，不同的企业时间不同。但之后，薪酬就会转入长期的固定或小额浮动的状态中，因为资深员工转入高层管理人员需要的时间可能更长。

由此看来，如果一个普通的工薪族单纯地想要通过工资增长来实现财产的快速增值比较困难，所以我们不得不考虑如何开源，在不影响自身工作的情况下，投入相对较少的精力从更多的渠道来增加我们的收入。理财，就是一个比较好的渠道。

理财，指的是对自己的资产和债务进行管理，以达到资产保值和增值的目的。简单来说，科学合理的理财方式，可以帮助我们在工作之余利用自己已有的收入做投资，让自己获得额外的投资收益，作为我们收入的补充。

1.1.2　理财是一种规划，更是一种生活态度

很多人将理财单纯地视为投资，认为将自己的闲余资金投入理财产品获得收益就是理财。

实际不是，理财包含两个部分，即理财和投资。其中，理财指的是对我们当前拥有的资产进行整理、规划和安排，然后根据家庭的消费情况和财富积累目标，制订合理的资金使用计划；投资指的是将资金规划中用于投资部分的资金，投入适合的理财工具中。

也就是说，理财不仅仅是投资那么简单，它涉及了生活中的方方面面，包括我们日常生活中的衣食住行，只要需要用钱的地方，都需要理财。例如，根据家庭每月消费水平设置一个基本预算，一旦超过预算就需要对消费有所节制，避免大手大脚地进行花销。

另外，很多人又将理财行为认为是记账，单纯地认为理财就是记账，实际上记账只是理财的基础方式，可以便于我们明确自己的资金流状况，但是理财又不仅仅是记账，更多的是对资产的规划和安排。虽然这些看起来都是小事，但是适时的规划和安排，不仅可以帮助我们理财，实现资产增值，还能反映出我们对生活从容、客观的态度，提高应对生活中各种变化和意外的抗风险能力。

1.1.3　抵御通货膨胀

生活中常常会遇到这么一类人，他们不屑于投资理财，认为投资存在风险，也耽误时间和精力，还不如将其直接放在银行储蓄，既安全也能获得利息收益。

一些比较传统的工薪族常常会有这样的想法，但是他们不知道的是，银行利息较低，增长太慢，而物价上涨太快，形成的货币贬值可能超过利

息收入。

表 1-1 所示为历年央行存款基准利率变动表。

表 1-1　历年央行存款存款利率变动

调整时间	活　期	定　期					
		3 个月	半年	1 年	2 年	3 年	5 年
2010.10.20	0.36	1.91	2.20	2.50	3.25	3.85	4.20
2010.12.26	0.36	2.25	2.50	2.75	3.55	4.15	4.55
2011.02.09	0.40	2.60	2.80	3.00	3.90	4.50	5.00
2011.04.06	0.50	2.85	3.05	3.25	4.15	4.75	5.25
2011.07.07	0.50	3.10	3.30	3.50	4.40	5.00	5.50
2012.06.08	0.40	2.85	3.05	3.25	4.10	4.65	5.10
2012.07.06	0.35	2.60	2.80	3.00	3.75	4.25	4.75
2015.03.01	0.35	2.10	2.30	2.50	3.10	3.75	—
2015.06.28	0.35	1.60	1.80	2.00	2.60	3.25	—
2015.08.26	0.35	1.35	1.55	1.75	2.35	3.00	—
2015.10.24 至今	0.35	1.10	1.30	1.50	2.10	2.75	—

从上表央行公布的存款基准利率变化可以看到，利率变化幅度较小，甚至出现小幅下跌。因此，我们如果只单独靠银行储蓄理财的话，难以跑赢通货膨胀，但是市面上仍然有很多金融理财产品，其收益可以超过通货膨胀，投资者通过合理、科学的理财规划可以抵御通货膨胀带来的风险。

1.2　理财需要达到的目的

每一位工薪族理财之前，都需要确定一个清晰的理财目标，才能奔着这一目标前进。不同的人因为收入不同、消费不同，会制订不同的理财目标，但是，从财产安全感的角度来看，理财目标通常分为 3 种，即财务保障、财务安全和财务自由。下面我们来依次介绍。

1.2.1　基础目标：财务保障

财务保障指的是当家庭突然遭受意外打击、中断收入时需要用到的能够保障基本生活不受影响的资金。我们在理财之初，首先要考虑到这一基本问题，这也是理财的基础目标，只有确定了没有后顾之忧，能够提供生活保障的财务目标，我们才能放心开展各类理财活动。

想要实现财务保障，首先需要计算财务保障的资金额度是多少，即留存多少钱才不会因为短时间内的意外打击而使生活乱套。财务保障金额的计算是用每月所必需的家庭开销，乘以需要的时间，一般都按照 6 个月来计算。计算公式如下：

财务保障金额 = 每月消费额 ×6

这样的财务保障金额指预留的 6 个月左右的消费额，以便抵御 6 个月没有收入情况下的家庭财务风险。6 个月是比较适中的一个时间，但是如果个人承受能力较差，可以预留 12 个月左右的消费额。

另外，如果工薪族本身还背负车贷和房贷，那么财务保障除了基本的生活消费之外，还需要将每月的房贷和车贷计算在其中。

由此计算出来的财务保障金额是保障基本生活需要的最低金额，想要你的家庭生活稳定，就必须至少拥有这个数额，这样才能够使自己更有安全感，才能够在面对突如其来的意外打击时更从容地应对。

投资者在理财时需要注意的是，想要实现财务保障，投资者不能冒险，需要对财务保障金额的投资风险进行管理，避免让自己的生活陷入困境中。

1.2.2 中级目标：财务安全

财务安全是财务保障上的提升，指的是能够给自己带来安全感的一个财务金额，只要财产达到这个范围，心理就能够获得一种满足。简单来理解就是在你失去收入来源后，能够保证生活质量不受到过大影响的时间长度，时间长度越长，安全感也就越足。

财务安全金额的计算也是以每月的消费额为基础来计算的，计算公式如下：

财务安全金额 = 每月消费额 ×150

意思是如果以 8% 的投资回报率计算，某职员每月开支为 4 000 元，财务安全金额则为 600 000 元（4 000×150），如果此时该职员不工作，失去工资收入来源，用 600 000 元做投资，则投资收入计算如下：

年投资收益：600 000×8%=48 000（元）

每月可使用：48 000÷12=4 000（元）

也就是说，该职员实现了财务安全金额目标之后，即便不工作，每月也可以有 4 000 元左右的收入来维持正常的生活开支。这样一来，该职员的安全感自然会得到极大的满足。

但当职员的财富达到安全金额时，承担的风险也更大，可以将资产做 4:4:2 的分散投资，40% 投资于低风险项目，40% 投资于中风险项目，余下的 20% 投资于高风险项目，这样一来回报率更稳定、资金更安全。

1.2.3 终极目标：财务自由

财务自由是指人不再需要为生活开销而工作的状态，即一个人的资产产生的被动收入等于或超过日常开销，称为财务自由。这也是理财的终极目标。

财务自由金额的计算公式如下：

财务自由金额 = 家庭年开支 ÷ 每年最低年化收益率

其中，每年最低年化收益率指的是资产每年最低保守估计可以获得的利息点，通常以 4% 来进行计算。

例如，某职工家庭每月开支 1.20 万元，年开支为 14.40 万元，按照年化收益率最低 4% 来进行计算如下：

14.40 ÷ 4%=360（万元）

也就是说，该职员若个人资金能达到 360 万元，就能够实现财务自由，即利用 360 万元的本金赚取的利息就能够满足全家一年的正常开支。

1.3 投资理财之前做好自身的财务管理

理财最忌讳的就是匆忙入市，我们在理财之前要对自身的财务状况进行梳理，包括债务、开支和余额等，这样才能清楚自己能够用于投资的金额有多少，适合做短期投资还是长期投资，以及能够承受的风险程度等。

1.3.1 编制家庭资产负债表

家庭资产负债表与企业资产负债表一样，都是反映财务状况的表，能够清晰地展示出家庭在一定时期内的资产结构。虽然家庭资产负债表不如企业资产负债表那么严谨规范，但是通常会包括三个主要部分：

- **资产**：资产指的是目前拥有的家庭资产，主要分为三类，一是流动资产，包括现金、活期存款和货币基金等，是可以短期内支取的理财资金；二是投资性资产，包括个人持有的股票、投资性房产、定期存款、理财性保险和公积金等；三是自用资产，包括自己的住房、汽车等实物资产，注意在编制时要考虑折旧，不能以买入价格进行编制。

◆ **负债**：负债指家庭当前的各种债务，主要分为三类，一是消费负债，指用于日常开销的借款，包括信用卡、消费贷款及借别人的、用于消费的款项；二是投资负债，指用于投资的借款，包括购买股票的融资款，以及创业贷款等；三是自用资产负债，指用于购买汽车或住房等产生的负债。

◆ **净资产**：家庭资产减去家庭负债之后余下的金额就是家庭净资产。

资产负债表有两种结构：一种是报告式资产负债表；另一种是账户式资产负债表。报告式资产负债表是上下结构，从上到下排列为资产、负债和净资产，按照“资产－负债＝净资产”原理进行排列；账户式资产负债表是左右结构，左侧是资产部分，右侧为负债和净资产部分，按照“资产＝负债＋净资产”原理进行排列。

两种结构都可以用，选择自己习惯的结构进行编制即可。表1–2所示为家庭资产负债表模板。

表1–2　家庭资产负债表

单位：元

家庭资产	金　额	所占比例	家庭负债及净资产	金　额	所占比例
流动资产：			流动负债：		
现金			信用卡欠款		
活期储蓄			小额消费贷款		
其他流动性资产			其他消费性负债		
流动资产合计			流动负债合计		

续表

家庭资产	金　额	所占比例	家庭负债及净资产	金　额	所占比例
投资资产:			投资性负债:		
定期存款			金融投资借款		
外币存款			实业投资借款		
股票投资			投资性房地产按揭贷款		
债券投资			其他投资性负债		
基金投资			投资性负债合计		
投资性房产			自用性负债:		
保单现金价值			住房按揭贷款		
其他投资性资产			汽车按揭贷款		
投资资产合计			其他自用性负债		
固定资产:			自用性负债合计		
自用房产			负债合计		
自用汽车					
其他自用性资产			净资产		
固定资产合计					
资产总计			负债和净资产总计		

1.3.2　编制家庭每月收支表

收支表主要是对家庭收支情况的展示和管理，如果不记录就容易出现不知道钱去了哪里的状况，也不利于家庭成员掌握家庭真实的财务状况。收支表主要包括两个部分：即收入和支出。

收入部分对于一般家庭而言主要包括两个部分：即工资主动收入和理财投资被动收入。

支出部分则比较细碎，如果平时不记账，管理起来会很麻烦，常常不知道钱花去了哪里。为避免这一情况的出现，我们可以在日常开支中使用记账软件，一个小小的举动就可以使我们的账目更加清晰。市面上的记账软件有很多，例如随手记、鲨鱼记账、松鼠记账等。

家庭收支表通常以左右排列的方式进行编制，左侧为收入，右侧为支出，左右一对比就能一眼看出是否存在入不敷出的情况，财务状况是否健康。表 1–3 所示为家庭每月收支表模板。

表 1–3 家庭每月收支表

单位：元

收　入		支　出	
项　目	金额（元）	项　目	金额（元）
本人薪资收入		房贷支出	
配偶薪资收入		车贷支出	
房租收入		车位费	
公积金收入		生活费	
股票投资收益		保险费	
基金投资收益		物业费	
定期理财收益		培训费	
活期理财收益		旅游	
其他收入		赡养父母	
		养育子女	
		其他	
收入总计		支出总计	

1.3.3 财务健康分析

在梳理好了资产负债表和收支表之后，还需要对自己的财务状况进行分析，检查其健康程度，主要从以下几个方面入手：

◆ 结余比率

结余比率指我们每月的结余资金占收入的比例，该数值越大，说明家庭财富积累的速度越快，我们的收入在满足正常开销之后还能快速增长。因此，它是判断家庭财务健康情况的关键性指标，具体计算公式如下：

结余比率＝结余 ÷ 收入 ×100%

通常情况下，一个家庭的每月结余比率或者是每年结余比率应该保持在 30% 以上，这样的比率所反映的是比较健康的财富积累速度。

◆ 资产负债率

大部分的家庭或多或少都会有负债，适当的负债可以提升资金的利用率，但负债过多则意味着债务本金和利息费用过多，将降低家庭现金的净流入，减少家庭资产，严重情况下还可能出现资不抵债的情况。

为了避免这一情况，我们引入资产负债率指标，具体计算公式如下：

资产负债率＝总负债 ÷ 总资产

当资产负债率小于 40% 时，认为家庭债务处于能够偿还的可控范围，债务状况比较健康。但是当资产负债率大于 50% 时，就应该引起警惕，可能会出现债务危机。

◆ 债务偿还比率

如今，大部分人都身负房贷和车贷，每月领到工资之后首先要偿还各类贷款，然后将余钱用于生活。那么，你有计算过你的债务偿还比率吗？你的债务偿还比率真的合理吗？

债务偿还比率是指每月所偿还本息与每月收入的比例，具体计算公式如下：

债务偿还比率 = 每月偿债本息 ÷ 每月收入 ×100%

债务偿还比率过高会给家庭生活带来巨大的压力，严重影响正常的生活水平，更让家庭没有抵御外来风险的能力。通常来说，债务偿还比率应该控制在 30% 以内，这样才能保证家庭生活的正常运转。

◆ 流动性比率

流动性比率指的是流动性资产与每月支出的一个比率。通常每个家庭都会预留一部分流动性资产来作为日常开销，如果流动性资产不足以支付日常每月的开销，可能会影响家庭的正常生活。流动性比率的计算公式如下：

流动性比率 = 流动资产 ÷ 每月支出 ×100%

流动资产 = 现金 + 活期存款 + 货币基金

流动资产是能够快速提取使用的资金。流动性比率应控制在 3~6 比较适合，也就是说，我们不能够将所有的流动性资产用于理财投资，应该预留足够的现金性资产来应对未来 3~6 个月的家庭开支。

通过上述几个指标，我们可以对自己的家庭财务状况做一个检查，判断其健康程度，对需要改进的地方积极改善。除此之外，还要懂得控制自己的消费欲望，合理消费，这样才能提高理财意识。

1.4 做好家庭记账工作

从前面内容中的财务报表制作介绍可以知道，财务报表非常重要，可以快速帮助我们了解自家真实的财务状况及可能存在的财务问题，但是制作报表的前提在于有清晰、准确的财务数据作为支撑。因此，我们还需要在日常生活中做好家庭记账工作，养成时时记账的好习惯。

1.4.1　记账不是单纯地记录流水

说起记账，很多人会嗤之以鼻，认为记账非常简单，只要平时养成记录的习惯即可。但是我们这里介绍的记账不是指单纯的对开销流水的记录，而是从资金的使用情况入手，进行分别记录，具体来看，需要从收入、支出、投资和借贷四个方面入手，这样可以让账目更清晰，也更便于财务报表的制作。

（1）记录收入

我们首先需要整理自己的经济来源，将自己所有的收入来源都做好记录，哪些是固定收入，哪些是浮动收入，都要详细地做好记录。

工薪族的收入根据来源的不同可以划分为不同的类型，我们在记录之前需要将其做好细致的划分，具体划分方法如图 1-1 所示。

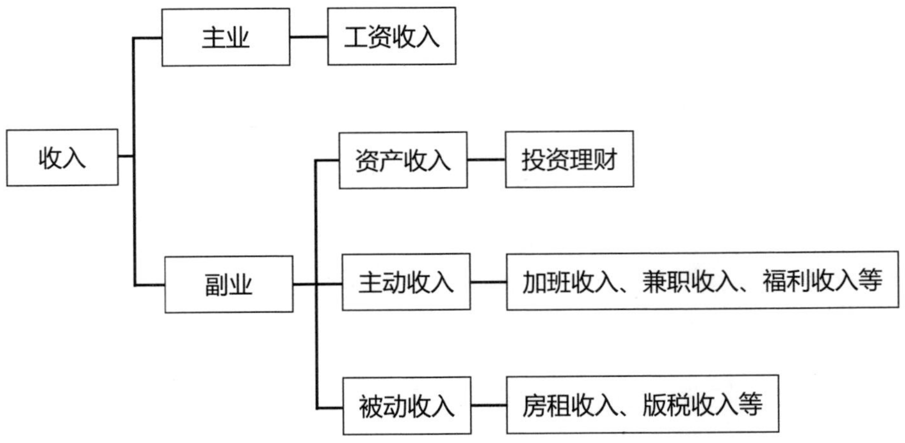

图 1-1　收入分类

（2）记录支出

家庭支出内容涵盖生活中的方方面面，总体来看比较杂乱无章，例如饮食、衣着、交通、教育、文化及娱乐等。如果仅是单纯地记录，很难看出资金的实际流向，也不知道应该在哪些方面节流。所以，我们需要分门别类地记录，根据结果找出一些不必要的开销，以便在今后的生活中更好地节流。家庭支出的分类情况如图 1–2 所示。

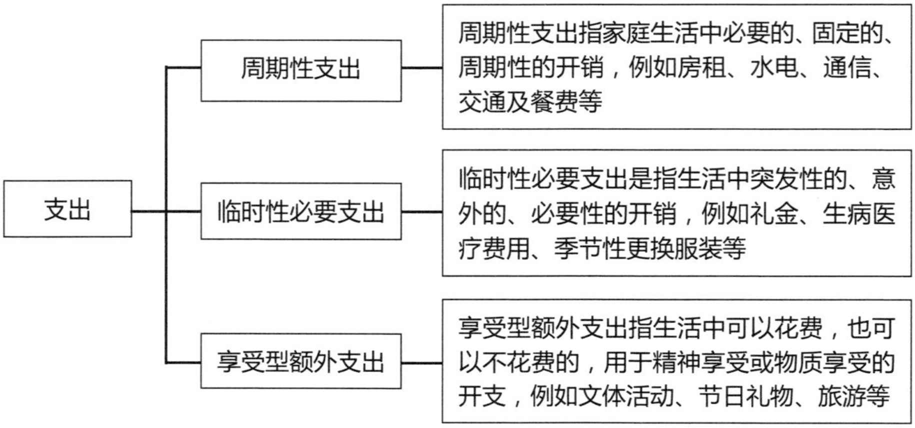

图 1–2　支出分类

（3）记录投资

市面上的理财产品有很多，我们在投资理财时通常不会仅投资一种，而是在降低风险的前提下将资金分散开来投向不同的理财产品之中。所以为了更清楚我们实际的投资情况，需要对投资进行整理，了解不同理财产品的实际投资情况，记录这些理财产品的投资损益情况，适当减少一些不适合的理财项目。

目前个人理财种类有股票、基金、银行理财产品、信托类产品和贵金属投资等。记录时应按照不同的类型逐一记录，包括投入的金额、时间及投资回报情况等。

（4）记录借贷

大部分的工薪族都会有不同程度的负债，例如房贷、车贷等，我们需要真实、详细地掌握自己实际的债务情况，将债务控制在一定的范围内，才能避免出现财务危机。记录负债时也需要根据债务的特点对其进行分类记录，负债的分类情况如图 1-3 所示。

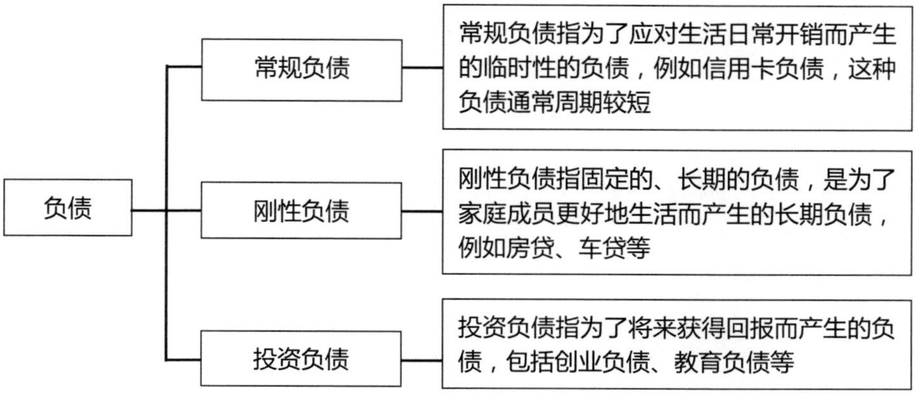

图 1-3　负债分类

通过这样的分类记录，我们可以清晰、真实地掌握自己实际的财务情况，避免形成大手大脚的消费习惯，懂得开源节流的重要性。

1.4.2　出门在外，手机 App 帮助记账

随着时代的快速发展，记账方式也日新月异，我们再也不用每天晚上在家回忆当天的消费支出情况，然后做记录了。市面上有很多手机记账 App，可以帮助我们更好地做好记账工作，而且非常的简单、便捷。

市面上的记账 App 有鲨鱼记账、随手记和松鼠记账等，这里以口袋记账为例进行介绍。

口袋记账是一款操作简单，非常容易上手的手机记账软件，它通过时光轴的设计可以便捷地记录每一笔账单，解决记账用户的基本诉求，即知道钱花在哪儿了。

打开口袋记账 App，可以看到口袋记账由 5 个部分组成：资产、报表、

记账、理财和更多。记账主要运用的是资产、报表和记账功能。进入记账页面，输入金额并选择类型，点击确定按钮，记录每天的收入支出情况，得到如图 1-4 所示的记录账单。

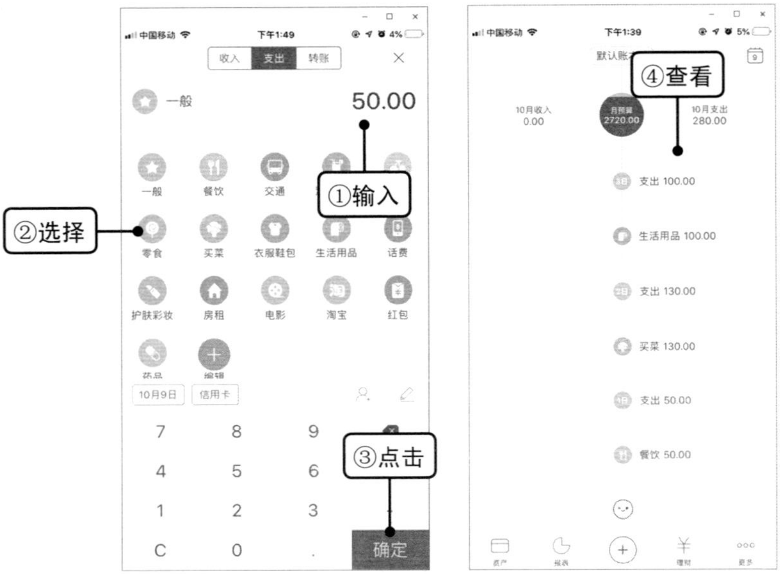

图 1-4　记录账单

然后选择资产页面，可以查看目前自己的资产状况，在该页面选择负债则可查看自己的负债状况，如图 1-5 所示。

图 1-5　查看资产和负债状况

然后选择报表页面，可以查看账单的详细分析，包括账单的分类情况、趋势走向、对比比较及成员情况，如图 1-6 所示。

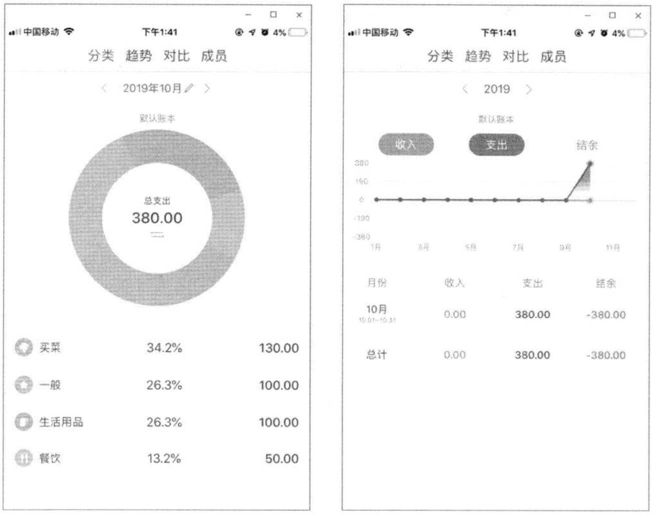

图 1-6　查看账单报表

通过上述口袋记账 App 的功能介绍，可以看到口袋记账的操作非常简单，但是其记账和分析账单的功能却不简单。

口袋记账的特色功能主要如下：

- 记账页面选择类型丰富，比较符合大多数使用场景。另外，选择分类和输入金额都比较直观，操作简单，用户可以快速上手。
- 账单页面以时间轴的形式记录，能够帮助用户直观清晰地查看每天的消费情况。另外账本页面将每月的预算默认设置为 3 000 元，每消费一笔页面中以“月预算”的形式显示剩余月预算，提醒用户节省开支。另外，预算可以自行设置。
- 财务方面通过当前拥有的资产和负债来对比查看，帮助用户分析当前的财务结构。另外，负债自带提醒功能，为用户记录还款时间，并提醒用户及时还款。

◆ 在报表分析方面，以饼图的方式，利用不同的颜色区别显示，可以帮助用户清晰地看到消费的比例和内容，直观方便。

除了我们介绍的专门的记账 App 之外，还可以利用微信或支付宝这类软件自带的记账功能记账，也非常便捷，就不用单独下载记账软件了。但是，这类软件的记账功能相较于专门的记账软件要弱一些，功能没有那么齐全，只能满足一些基础的记账需求。

第 2 章

月余零钱处置得当
收益也可观

月余零钱是日常生活中比较常见的一部分小额资金，通常为生活开销余下部分，少则几十上百元，多则上千元。因为数额较小，所以经常被忽略，但实际上用这部分资金也可以做理财投资，处理得当同样可以获得不错的收益。

2.1 月余零钱管理前的剖析

月余零钱与其他的资金具有明显的差别，例如金额少、不固定等，这就需要我们在利用其做投资理财之前清楚掌握它们具有的特点，然后根据特点来选择适合的理财工具。

2.1.1 月余零钱具有的特点

月余零钱指的是我们用于日常开销的生活费剩余部分，因为这部分的资金量较少，所以大部分人对其关注度不高，也不曾在意。但是，只要认真了解月余零钱的特点，还是可以发现其中的一些价值。

月余零钱具有的特点主要包括表 2-1 所示的几点。

表 2-1 月余零钱特点

特　　点	说　　明
金额小	金额小是月余零钱的主要特点，根据家庭开销的程度不同，月余零钱的资金量大小也不同，大部分普通家庭的月余零钱通常在 1 000 元以内
金额不固定	月余零钱的具体金额视当月消费情况而定，具有金额不固定的特点，如果当月开销较大，则月余零钱金额少，有时甚至没有；如果当月开销较小，则月余零钱金额多
灵活性强	月余零钱属于周转性的、日常开销类资金，所以灵活性较强，除了用于应对日常生活之外，还可能需要用于应付一些意外的人情往来，以及额外的大、小件开销等

2.1.2　打理月余零钱需要满足的刚需条件

根据上面的分析，我们知道了月余零钱的一些基本特点，然后需要针对这些特点寻找适合的，能够满足相关基本条件的理财方式。图 2–1 所示为月余零钱的投资条件。

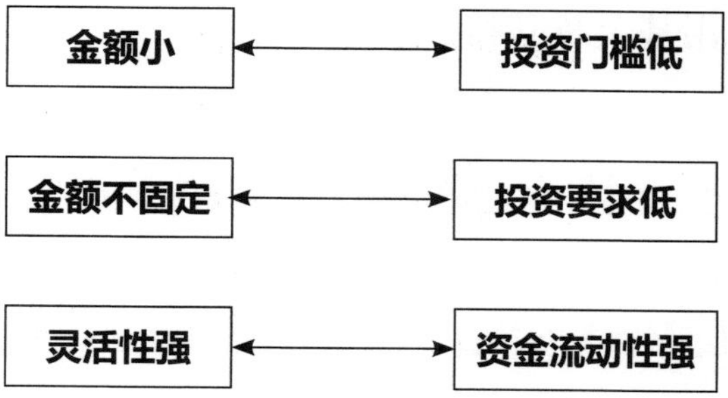

图 2–1　月余零钱投资条件

从上图可以看到，针对月余零钱具有的特点，月余零钱投资需要满足 3 个基本条件，具体内容如下：

投资门槛低。因为月余零钱的金额较小，有的甚至几十元，所以一些高门槛的大额投资方式不适合月余零钱投资。

投资要求低。因为月余零钱的金额不固定，有时多、有时少，有时甚至没有，所以需要一些投资金额和投资时间要求都比较低或没有要求的投资方式。

资金流动性强。因为月余零钱的灵活性较强，常常需要用于临时使用周转，所以需要选择一些资金流动性强的投资方式。

在了解这些月余零钱投资需要满足的基本条件之后，我们再做月余零钱投资就更方便了。本章介绍了一些适合月余零钱投资的常见方法，具体见后文。

2.2 货币基金——闲余零钱的好去处

货币基金是一种投资风险极低，没有投资门槛，且流动性强的理财产品，非常适合闲余零钱投资。

2.2.1 认识货币基金及其特点

货币基金是聚集社会闲散资金，由基金管理人运作，基金托管人保管资金的一种开放式基金。因为货币基金主要投资于短期（一般期限在一年以内，平均期限 120 天）货币工具，例如国债、央行票据、商业票据及企业债券等风险极低的短期有价证券，所以货币基金具有高安全性的特点。

货币基金因具有高流动性和稳定收益性的特点，又与银行活期储蓄相同，但其收益率却高于银行活期储蓄，所以优势也更明显，相比银行活期储蓄，越来越多的人更青睐于货币基金投资。我们在投资之前首先需要仔细了解货币基金具有的特点。

- **零手续费：**通常基金投资过程中，申购和赎回都需要缴纳一定的手续费用，但是货币基金在申购、认购时是没有手续费用的，非常方便，也提高了资金的流通性。
- **收益稳定：**因为货币基金投资的对象为国债、票据等稳定的、风险较低的有价证券，而这些投资对象的收益率在发行之初就已经确定了，实际收益率与预期收益率差距不大，所以这就给货币基金带来了稳定的收益。
- **复利计息：**货币基金的面值为 1 元，收益每天计算，每天都有收益，且享受复利收入，而银行存款则为单利计息。

根据上述特点可以看到，货币基金是一种稳定性强且安全性高的投资方式，尤其适合一些短期闲置的资金，既能保证一定的收益回报，也能同时兼顾资金的强流动性，以备不时之需。

2.2.2　七日年化收益率与万份收益

货币基金的收益率通常有两种展示方式，即七日年化收益率与万份收益率，有的货币基金还会添加 30 日年化收益率，但实际上很多投资者并不清楚这些代表了什么，又具有什么意义。

七日年化收益率指货币基金在过去七天的平均收益水平，进行年化以后得到的数据。例如，某货币基金显示 3 月 13 日当日的七日年化收益率是 2.501 1%，指的是 3 月 6 日～ 3 月 12 日这 7 天的平均年化收益率。

30 日年化收益率与 7 日年化收益率意义相同，指的是货币基金在过去 30 天的平均收益水平，也是进行年化后得到的数据。

万份收益全称为每万份基金收益，意思是基金公司每天公布的当日每万份基金单位实现的收益金额。万份收益是将货币基金每天的收益平摊到每一份额上，再以一万份为标准进行衡量展示和比较的一个数据。

有的投资者习惯查看七日年化收益率，因为根据七日年化收益率可以查看出货币基金的收益走势，但是历史走势并不代表将来的收益水平。而万份收益则不同，该指标越高投资者得到的真实收益就越高，即投资者可以通过万份收益计算自己的货币基金收益。

货币基金收益计算公式如下：

货币基金收益 = 已确认金额 ÷10 000× 当日万份收益

例如，张先生持有已经确认的货币基金金额为 10 万元，当日万份收益为 0.682 8，那么张先生当日的收益为：（100 000 ÷ 10 000）×0.682 8= 6.828（元）。

因为货币基金的收益为复利计算，如果第二日万份收益为 0.692 8，那么张先生第二天的收益为：（100 006.828 ÷ 10 000）× 0.692 8=6.928 5（元）。

2.2.3 货币基金交易 T+N

T+N 指的是基金的一种交易制度，这关系到货币基金的收益计算和到账时间，投资者需要理清。T 为申购或赎回的当日，确认份额或到账的时间需要几天就会表示为 T+N，例如第二天，则表示为 T+1。

货币基金交易分为申购和赎回，两者的交易制度不同，下面分别进行介绍。

（1）货币基金申购制度

申购时通常采用 T+1 交易制度，即投资者在当天 15:00 之前买进，以当天价格成交，第二天计算份额，第三天可以查看收益。

如果当天 15:00（含）之后买进，则在第三天确认份额，第四天查看收益。如果申购时遇到节假日就会顺延至工作日。但是已经确认了的基金份额，在周末和节假日同样能享受收益。

具体的份额确认和收益发放时间如表 2-2 所示。

表 2-2 货币基金份额确认和收益发放时间

申购时间	确认份额时间	收益发放时间
周一 15:00（含 15:00）～周二 15:00	周三	周四
周二 15:00（含 15:00）～周三 15:00	周四	周五
周三 15:00（含 15:00）～周四 15:00	周五	周六
周四 15:00（含 15:00）～周五 15:00	下周一	下周二
周五 15:00（含 15:00）～下周一 15:00	下周二	下周三

（2）货币基金赎回制度

对于货币基金的赎回制度，不同的基金公司以及不同的交易渠道是不同的。如今市面上的货币基金分为 3 种：T+0 快速取现、T+1 到账和 T+2 到账。

很多金融软件提供的宝宝类理财产品都是 T+0 快速取现产品，几分钟就能到账。在基金官网上赎回，选择普通赎回为 T+1 到账。如果遇到节假日，则顺延至下一个交易日算 T 日。如果在第三方销售机构，普通赎回则是 T+2 到账，节假日也要顺延。

2.2.4　筛选货币基金的关键

市面上的货币基金有很多，但是质量却良莠不齐，优质的货币基金收益更高，也更稳定，更具有投资价值，所以投资者要懂得从众多的货币基金中进行筛选。

选择货币基金可以从以下几个方面进行考虑，如表 2–3 所示。

表 2–3　筛选货币基金的要点

项　目	内　容
基金的规模	选择货币基金时要注意查看基金规模大小，规模大的基金，其稳定性更强
成立年限	查看货币基金成立年限，如果成立的时间越长久，说明它越稳定，也更能经受市场的考验
查看收益率	选择收益率更高的货币基金，我们获得的收益也更多，所以可以挑选近一年、两年或三年年化收益率排名靠前的基金品种
交易情况	选择交易更方便的货币基金，这里的方便包括转账便捷、到账及时等，例如采用 T+0 交易方式的货币基金
基金公司	选择大基金公司的产品，安全性更高，也更稳定
基金评级	通过基金评级选择评级更高的基金品种

2.2.5 多渠道购买货币基金

事实上，目前购买货币基金已经非常便捷了，有多种渠道可以选择，且不同渠道具有不同的优势，下面我们来具体看看。

目前市面上比较主流的购买渠道有 4 个：基金公司、银行、证券公司及第三方平台。

（1）基金公司购买

在基金公司购买指的是投资者直接在基金公司官网或 App 上注册账号购买基金产品。在基金公司购买属于直销的形式，一般没有中间商，也免去了销售服务费，成本更低。

但是基金公司购买基金的缺点也很明显，投资者在基金公司购买只能在平台上购买基金公司自家的产品，如果投资者想要购买不同公司的基金，则需要在不同的基金公司注册账号，重新购买，操作烦琐。

（2）银行购买

银行也是基金销售的主要渠道之一，投资者如果拥有某一家银行的银行卡，那么在该银行购买基金产品则非常方便，直接通过网银或手机银行就能够在网上银行或是手机 App 中操作购买。但是通常每一家银行代销的基金品种比较有限，留给投资者选择的余地也比较窄。

（3）券商购买

在券商购买基金非常方便，尤其是对本身投资股票的投资者来说，可以直接用证券账户购买基金，非常简单。另外，券商购买还有一个优势，即投资者可以购买场内基金。但是在券商购买基金也同银行一样，基金的品种有限。

（4）第三方平台购买

第三方平台购买指的是第三方中介平台，例如天天基金网、蛋卷基金及京东金融等。这些专业的第三方平台能够为投资者提供丰富的基金品种，使得投资者在平台内实现基金品种转换，方便快捷，且能够轻松实现对基金的管理。

第三方平台的手续费虽然比从基金公司直接购买更贵，但是比银行和券商便宜，很多基金的申购费都有优惠。

下面以通过华夏基金官网购买货币基金为例进行介绍。

理财实例

华夏基金官网购买货币基金

打开华夏基金官网（http://www.chinaamc.com/）进入首页，向下滑动鼠标进入基金产品专区，页面默认选中货币型基金。在右侧的货币基金列表中选择合适的基金，这里选择“华夏财富宝货币 A”，如图 2-2 所示。

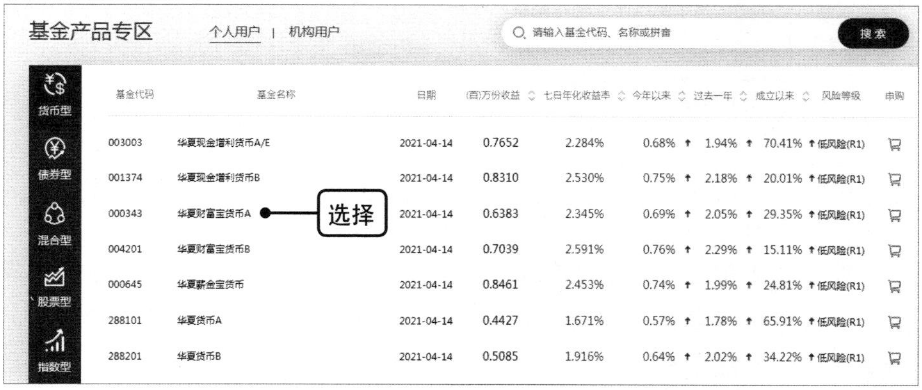

图 2-2　选择基金

进入基金详情页面，在页面中确认基金的各类信息，例如基金经理、历史净值和费率结构等，确认无误之后单击“立即购买”按钮，如图 2-3 所示。

图 2-3　单击“立即购买”按钮

进入账号登录页面，根据页面提示输入身份证号码和密码，单击“登录”按钮，如图 2-4 所示。

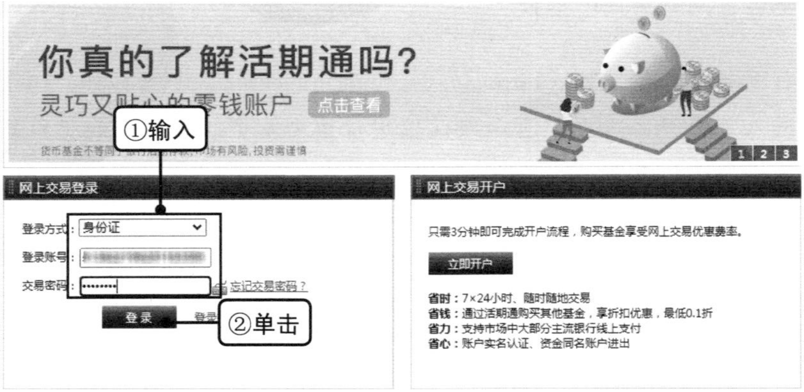

图 2-4　登录账号

进入“活期通理财账户存入”页面，并默认选中我们看中的华夏财富宝货币 A 基金，确认基金信息无误之后，在金额文本框内输入购买金额，发送并输入手机短信验证码，查看相关的投资协议，包括《普通投资者风险告知函》《产品资料概要》《基金合同》《基金招募说明书》和《产品风险揭示书》，然后单击“下一步”按钮，如图 2-5 所示。

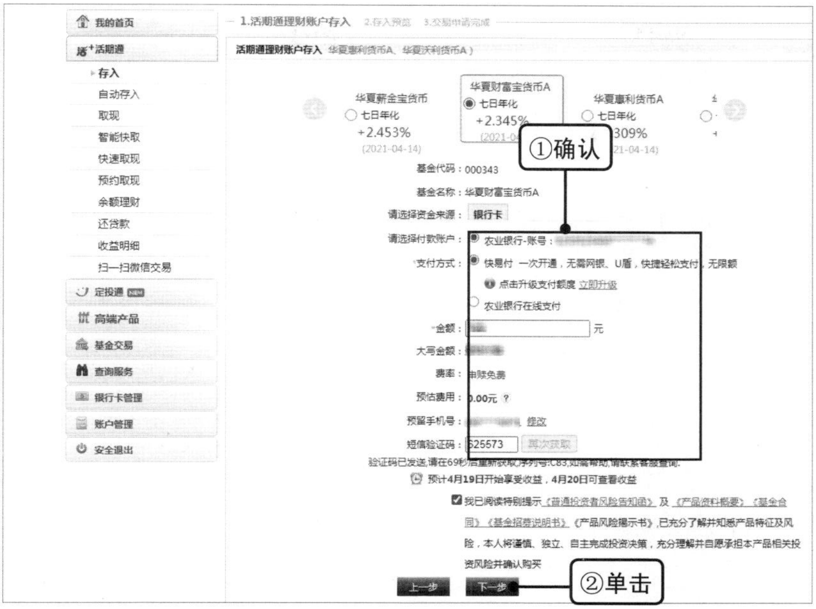

图 2-5　输入购买金额

进入“存入预览”页面，核对基金名称和金额，再查看《华夏基金快易付协议》并选中左侧的复选框，确认之后单击“下一步”按钮，完成购买，如图 2-6 所示。

图 2-6　确认信息完成购买

根据上面的购买介绍我们可以看到，实际上从基金官网购买非常简单、便捷，只需要几分钟就可以轻松实现货币基金的购买。

2.3 金融平台衍生的各种“宝宝类”产品

近年来，各种金融平台衍生出的一些“宝宝类”产品广受人们追捧，例如余额宝、收益宝、现金宝、零钱通和小金库等现金管理类理财产品。

这类产品实质上也是货币基金，但是却与直接购买的货币基金有所不同。这是互联网技术的发展和应用，投资者申购和赎回基金不再需要通过银行、券商或基金公司等渠道，甚至不用开设账户就能够轻松实现货币基金的购买。

2.3.1 支付宝平台的余额宝

余额宝几乎是每一个进行互联网投资的投资者都知道的，它是所有新型货币基金中发展最早、影响力最大的一只。投资者将钱转入余额宝，等于购买了与之合作的某基金公司的货币基金，不仅能享受货币基金的投资收益，还能直接应用于各类支付环境。

相较于其他的货币基金产品，余额宝最大的优势在于以下三点：

支付宝平台安全，资金安全性更高。2013 年 6 月 13 日余额宝正式上线，经过一年的发展，用户数量就突破 1 亿，成长迅速。为了应对风险，支付宝母公司阿里巴巴出资 1.8 亿元认购天弘基金，以 51% 的持股比例成为其第一大股东，保障用户利益。此外，支付宝还提出了如果用户资金被盗窃则全额赔偿的保证。

使用更方便。依托支付宝平台和实名认证，如果投资者想要购买余额宝，可以直接在支付宝上面进行支付认购，不用再另外开户。在转出方面，余额宝实现了 T+0 操作，资金周转更便捷。

支付场景丰富。余额宝最大的一个特点在于其丰富的支付应用场景，可以让投资者直接在各种各样的场景下直接支付，而不用转出再消费。表 2-4 所示为余额宝支付应用的场景。

表 2-4　余额宝支付应用的场景

类　别	场　景	电脑端	无线端
交易收单	担保交易	支持淘宝网、天猫等购物交易	
	即时到账交易	支持转账到支付宝即时到账，与外部商家交易	
	合并支付	支持淘宝合并交易	只支持淘宝同类合并（虚拟和实物不能合并）
个人应用	保险、理财等	支付宝理财、支付宝保险	
	转账相关	转账到支付宝账户，转账到银行卡	转账到支付宝账户、转账到银行卡、AA 收款
	账单	支持信用卡还款、水电煤气缴费、固话宽带等	
代扣产品	个人代扣、通用代扣	支持通用代扣，支持信用卡自动还款代扣、花呗借呗还款代扣及阿里贷款、淘宝贷款代扣等	

余额宝理财也非常简单，只需要几个步骤就可以轻松完成转入，然后实时查看自己的收益情况。

理财实例

余额宝理财基础操作

下载并安装支付宝软件，随后完成账户注册和实名认证。打开支付宝软件，在首页下方点击“我的”按钮。进入“我的”页面，点击“余额宝”按钮，如图 2-7 所示。

图 2-7　进入“我的”页面

进入“余额宝”页面，在页面中点击“转入”按钮。进入转入页面，在页面中选择转入的银行卡，输入转入金额，点击“确认转入”按钮，如图 2-8 所示。

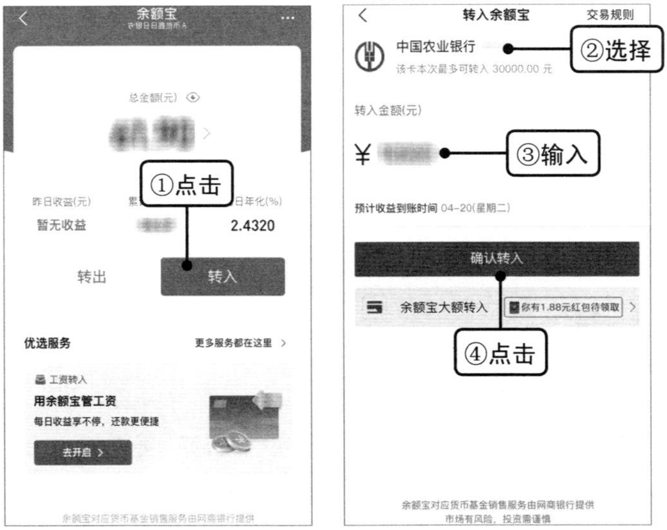

图 2-8　输入转入金额

随后根据页面提示输入支付密码即可完成转入。转入时页面会提示收益到账时间，用户可以到期后自行查看收益。

除了转入之外，投资者还可以更换货币基金。我们知道转入余额宝实际上是购买了与之合作的货币基金，但余额宝中的货币基金有很多，收益也有高有低，我们可以直接在余额宝中进行转换。

在余额宝页面中点击右上角的“...”按钮，展开下方的选项列表，选择“基金详情”选项。在页面中可以查看当前持有的货币基金基本情况，选择下方的“查看更多产品”选项，如图 2–9 所示。

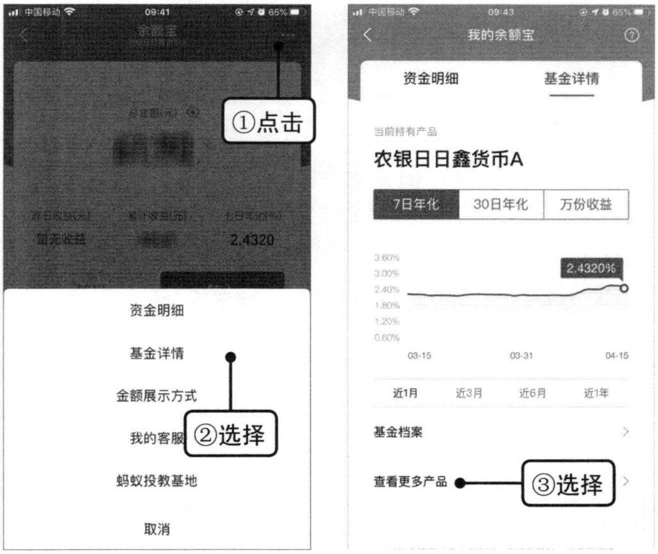

图 2-9　选择“查看更多产品”选项

进入更换产品页面，选择“选择更换产品”选项，下方展开货币基金列表，选择需要更换的基金品种，这里选择“博时天天增利货币 A”基金，自动返回至“更换产品”页面。在页面中，可以看到两个基金的收益走势对比情况，确认后在页面点击“确认更换”按钮，如图 2–10 所示。

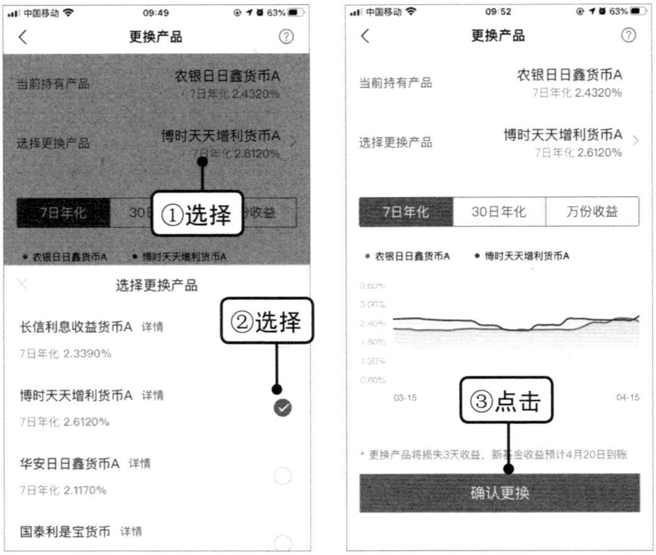

图 2-10　更换产品

整体来看，余额宝界面简洁，操作简单方便，且资金安全性高，资金流动性强，但是从收益率来看普遍较低，对于大额资金来说这样的收益率过低，而对于小额闲余零钱类资金来说，余额宝确实不失为一种好的理财方式。

2.3.2　微信平台的零钱通

零钱通是微信平台推出的一个功能，它与支付宝中的余额宝非常类似，用户可以直接将零钱通的资金用于消费购物，例如转账、红包和扫码支付等，同时当资金放在零钱通中不被使用时，又相当于用资金购买了某货币基金，可以自动赚取收益。

但是，因为零钱通 2017 年 9 月 5 日才开始内测，2018 年 11 月 17 日正式上线，发展较晚，所以用户数量相较于余额宝来说少一些。但是，因为微信本身的用户基数较大，且微信零钱通和零钱并列置于微信钱包中，位置显眼，且操作简单，同样可用于支付。将资金存入零钱，还不如存入零钱通中获得收益。

进入微信零钱通非常容易，用户只需要通过“微信—我—支付—钱包”，即可查看到微信零钱通，如图 2-11 所示。

图 2-11　查看零钱通

微信零钱通资金的转入与货币基金的更换操作都和余额宝类似，这里就不赘述了。

微信零钱通与余额宝都是对接有货币基金的，但本身并没有自营的基金，严格来说它们都不属于理财产品而是平台，给了用户一个选择货币基金的平台，让用户能够更便捷地购买货币基金，而不用通过基金官网、券商或银行。

从安全性来看，微信零钱通是腾讯公司旗下产品，而腾讯公司是国内互联网公司龙头企业，公司实力强，产品安全系数自然较高，资金安全也能够得到较好的保障。此外，零钱通与余额宝一样，转入、转出方便快捷，转出支持随取随时到账。因此，总的来看，零钱通也是一个比较好的零钱归属地。

2.4 新式花样的零钱打理办法

想要用零钱获得比较高额的收益回报不太现实。对于零钱的管理，最为主要的还是想办法积少成多，一方面通过投资获得一定的收益回报，另一方面注意储蓄积累，让小额零钱通过长时间的投资和积累变成大额储蓄。

在实际生活中，很多人对于小额零钱的储蓄管理往往不在意，也觉得麻烦，这里介绍两种比较新颖、有趣的零钱储蓄管理办法，可以让用户在不知不觉间慢慢积累小额零钱。

2.4.1 蚂蚁星愿

蚂蚁星愿是支付宝推出的一个为“星愿”攒钱的产品，用户可以在蚂蚁星愿中许下自己的“星愿”，并设置为完成“星愿”而制订的攒钱计划。每攒一笔，小星星都会被点亮一些。当攒到的钱达到目标，就可以命名一颗真实的星星，星星的编号、坐标、所属星座等天文数据由中国科学院国家天文台权威提供。当然，只是在支付宝的生态圈内命名这颗星星。

蚂蚁星愿是让用户通过许愿的方式来激励自己攒钱，从而实现自己的心愿。用户攒入的钱实际上购买了货币基金，所以攒入的资金也能享受收益，它与余额宝类似。

当已攒入金额（包含收益部分）≥目标金额时，则为实现“星愿”，资金解除冻结。

当已攒入金额（包含收益部分）≤目标金额时，则“星愿”未实现，攒入资金被冻结，不能使用，但冻结期间有收益。

下面来看看如何在蚂蚁星愿中许愿攒钱。

理财实例

蚂蚁星愿许愿攒钱

在支付宝的余额宝页面中，点击“优选服务”超链接，在展开的优选服务页面中点击“蚂蚁星愿”按钮，如图 2-12 所示。

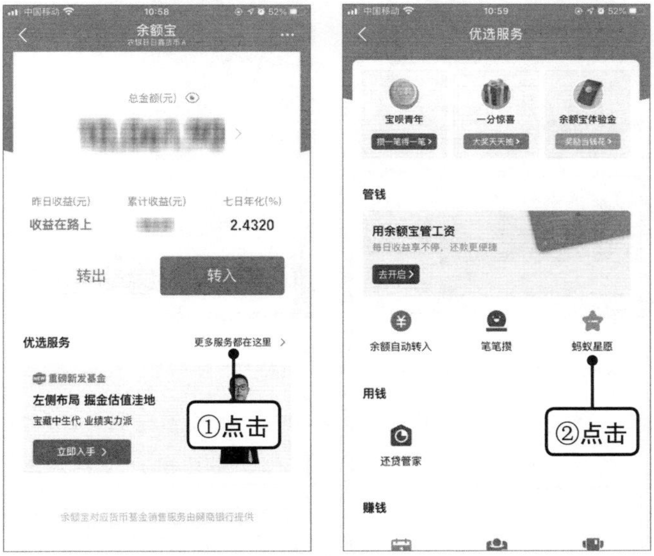

图 2-12　点击“蚂蚁星愿”按钮

进入蚂蚁星愿页面，点击“许个星愿”按钮，进入“星愿”设置页面。页面自动提供了一些“星愿”，例如“带家人一起吃大餐”“来趟说走就走的旅行”和“买一套运动战袍”等，只要左右滑动页面即可选择不同的“星愿”。系统下方也提供了“星愿”制订计划，即“每天攒 10 元到余额宝，攒到 500 元”等，如果同意这样的“星愿”，则在该页面中选择扣款来源，查看服务协议同意后选中协议前的按钮，再点击“同意并许愿”按钮，即可许下“星愿”，如图 2-13 左图所示。

如果对页面提供的星愿及攒钱计划不满意，可以点击页面中的“自定义星愿”超链接，在展开的星愿设置页面许下自己的“星愿”，设置自己的攒钱计划，然后查看服务协议同意后选中协议前的按钮，最后点击“同意并许愿”按钮，如2-13右图所示。

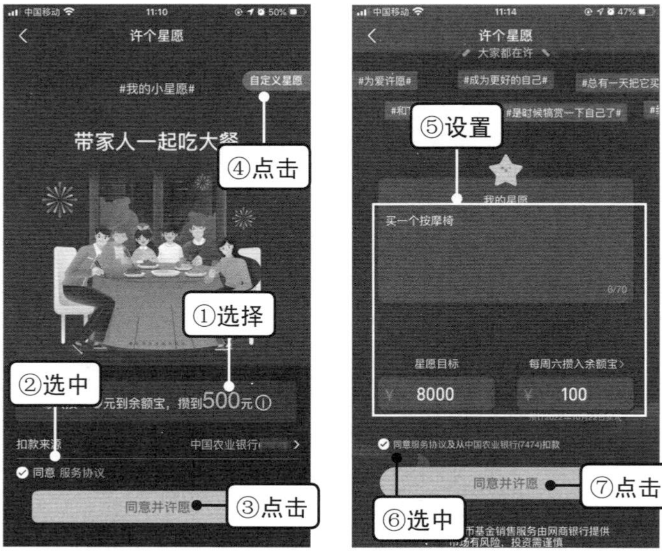

图 2-13　设置星愿

完成设置“星愿”后，每到固定时间，蚂蚁星愿会自动扣款，执行攒钱计划。攒入的钱会被冻结，但是不用担心，如果用户中途想要取出资金，则可以关闭功能，终止“星愿”，可以立即解冻资金。操作也非常简单，进入蚂蚁星愿→右上角“...”→管理星愿→终止星愿→取出已攒资金。

蚂蚁星愿这类零钱积攒方式本身比较新颖，其次有了心愿的加持，更容易产生长期坚持积攒的动力，从而促使心愿的完成。

2.4.2　笔笔攒

笔笔攒与蚂蚁星愿有很大的不同，它是一种消费型的攒钱方式，也是当下年轻人比较喜欢的一种攒钱方式。用户开通笔笔攒之后，每次用支付宝消费，就会额外再从用户的账户中转出指定金额的钱，并攒入、锁定在余额宝中，同时可享受余额宝收益。攒钱来源可指定单张快捷储蓄卡扣款或者“储蓄卡、余额或余额宝”扣款。此外，攒钱的金额用户可以自行设置。

这种消费型的攒钱方式能够让用户在不知不觉中实现储蓄，也能让储蓄更简单。

理财实例

开通笔笔攒一边消费一边攒钱

打开支付宝进入“余额宝”页面，点击“优选服务”超链接，在展开的优选服务页面中点击“笔笔攒”按钮，如图 2-14 所示。

图 2-14　点击“笔笔攒”按钮

进入笔笔攒页面，页面自动默认了每笔消费后扣款 8.88 元，根据页面提示选择扣款银行，查看服务协议确认后选中协议前的按钮，最后点击“体验一下”按钮即可，如 2-15 左图所示。除此之外，用户还可以点击页面中的“自定义”按钮，自行设置每笔消费后需要扣款的金额，完成后点击“确定”按钮，其他操作与前面一样，如 2–15 右图所示。

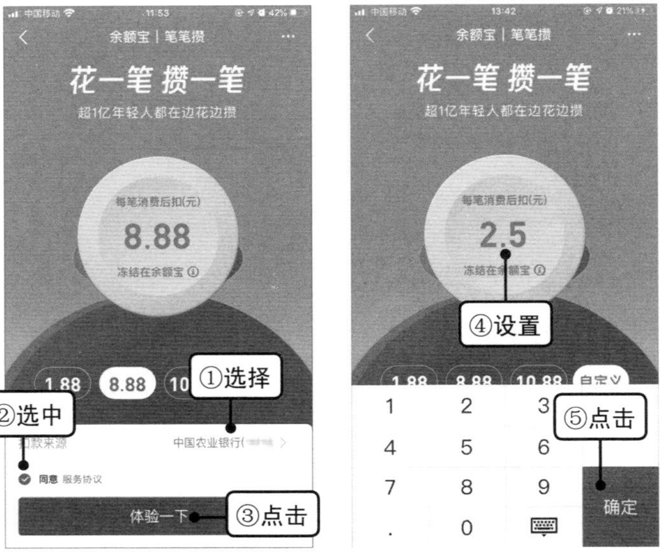

图 2–15　开启笔笔攒功能

开通笔笔攒后，每消费一笔就会从指定的账户中存入指定的金额至笔笔攒中。如果想要终止笔笔攒，则进入笔笔攒页面，在右上方点击“...”按钮→停止笔笔攒→停止即可。停止后则不会再继续扣款攒钱了，后续如果想再使用，再重新开启即可。

此外，通过笔笔攒攒入的资金会被冻结，冻结的资金除非手动操作解冻，否则是无法支付使用的，所以带有一定强制储蓄的作用。通过笔笔攒存入余额宝的资金虽会冻结，但并不影响其产生收益，收益率和收益计算规则与其他余额宝资金是一样的。所以笔笔攒也是一种比较轻松、充满乐趣的小额储蓄方式。

第 3 章

每月固定死工资 也可以活投资

大部分工薪族的工资都比较固定，每月几千元，上涨速度较慢，即便如此，我们也可以巧用自己的死工资来灵活投资，为自己增加收入。

3.1 工薪族固定工资的投资特点分析

工薪族用工资做投资，首先需要仔细分析并掌握工资的特点，然后才能针对这些特点选择适合的理财工具，避免因资金周转困难，使生活陷入困境的局面。

3.1.1 工薪族工资具有的特点

虽然不同的企业制定的薪酬结构不同，且薪酬中每个组成部分有不同的作用，但通常来说，大部分企业的薪酬由下列几项组成。

薪酬 = 岗位技能工资 + 绩效工资 + 年资工资 + 津贴

岗位技能工资指的是根据岗位评估的结果确定各个岗位的初始等级，然后根据不同岗位的业务特点，参考员工技能因素和岗位应承担的责任，确定各自的岗位工资等级，体现了岗位的内在价值和员工技能因素。岗位技能工资是职工薪酬中的重要组成部分，为固定工资。

绩效工资是根据员工当月工作表现情况而发放的浮动工资，不同的企业针对不同的岗位有不同的绩效工资计算方式。绩效工资在不同的职务中占比不同，在一些偏向技能性的岗位中绩效占比较低。

年资工资是根据员工在公司工作的时间长度而发放的工资，一般会随着员工入职的时间逐年增加。

津贴指为补偿职工特殊或额外的劳动消耗和因其他特殊原因而支付给职工的津贴，包括：补偿职工特殊或额外劳动消耗的津贴、保健性津贴、技术性津贴、年功性津贴及其他津贴。

从上面介绍的薪酬结构可以看到，工薪族的工资具有工资额度固定、变化浮动不大的特点。另外，工薪族的薪酬发放方式通常为按月发放，所以还存在时间固定、频率固定的特点。

3.1.2　对固定工资的合理规划

因为工薪族的工资具有时间固定、金额较固定、频率固定的特点，所以我们在做投资理财之前需要从这几个特点出发进行理财规划，具体规划如下：

◆ 考虑投资额度

因为工薪族的当月工资通常要应对生活中的日常开销，只能用余下的工资做理财，所以只能做小额投资，门槛过高的理财产品并不适合。

◆ 考虑资金流动性

工薪族的收入比较单一，通常工资为唯一的收入来源，如果将工资余额做投资就不得不考虑理财产品的资金流动性，避免因突发意外情况而缺乏资金周转。因此，应选择流动性强一些的理财产品。

除了考虑理财产品的资金流动性之外，还可以针对不同产品的不同流动性做组合投资，合理配置。部分资金投于短期理财产品，便于周转，部分资金投于长期理财产品，用于提高收益。

◆ 充分考虑时间固定

虽然工薪族每月用于投资的金额较少，但是其优势在于时间固定，积少成多一样可以实现财富的增长。我们在理财的过程中可以更多地结合时间固定这一特点来对理财产品进行筛选。

结合工薪族的工资特点确定了理财方向之后，就可以开始着手进行理财了。下面将介绍一些比较适合每月领取固定工资的工薪族的理财产品。

3.2 银行理财，简单又便捷

提及理财，银行理财始终是一个绕不开的话题，银行是一个传统且安全性极高的理财渠道，也是大部分人最喜爱的渠道，也同样比较适合工薪族。

3.2.1 银行定期存款

考虑到资金的灵活性，大部分工薪族选择银行存款时都会首先考虑活期储蓄，但是活期储蓄年利率仅为0.3%，与定期相差甚远，如定期中的整存整取3个月的年基准利率为1.35%。同样的金额存3个月整存整取定期的收益明显要比活期储蓄高出很多。

尽管工薪族理财需要考虑资金的流动性，但是我们可以考虑将资金分散储蓄，一方面既保证资金的灵活性，考虑资金的周转问题，另一面也考虑收益率。

如王女士每月薪酬6 000元，除去生活开销之后每月剩余3 000元，为了应对生活中可能出现的意外情况，王女士将每月结余工资作为活期储蓄。但实际上，王女士可以用活期储蓄和定期结合的方式来合理解决这一问题。

因为王女士每月的生活开销大致为3 000元，所以我们要保证至少3 000元的流动资金。如果王女士每月月初领取工资，那么王女士可以在每月月末储蓄当月剩余资金。

1月：月初领取工资6 000元，月底剩余3 000元，1月底存入1 000元活期，2 000元存入3个月定期。

2月：月初领取6 000元工资，月末剩余3 000元，2月底存入1 000元活期，2 000元存入3个月定期。

3 月：月初领取 6 000 元工资，月末剩余 3 000 元，3 月底存入 1 000 元活期，2 000 元存入 3 个月定期。

此时，经过前面 3 个月的储蓄，活期金额已经达到 3 000 元，可以应对一个月的生活开销，满足生活中可能发生的小额资金周转需求，所以此后可以免去活期储蓄，以 3 个月定期储蓄为主。另外，3 个月的定期时间较短，且以每月循环的方式进行，所以每月都会出现定期到期的情况，以应对可能出现的大额资金周转情况。具体情况如表 3–1 所示。

表 3-1　王女士一年储蓄安排

单位：元

月　份	本　金	第一季度存款		第二季度定期	第三季度定期	第四季度定期
		活期	3 个月定期			
1 月	3 000	1 000	2 000			
2 月	3 000	1 000	2 000			
3 月	3 000	1 000	2 000			
4 月	3 000			5 000		
5 月	3 000			5 000		
6 月	3 000			5 000		
7 月	3 000				8 000	
8 月	3 000				8 000	
9 月	3 000				8 000	
10 月	3 000					11 000
11 月	3 000					11 000
12 月	3 000					11 000

从上述案例可以看到，这样活期与定期相结合的储蓄方式，既能保证

资金的流动性，也能提高收益率。在实际的投资中，除了将活期与定期相结合之外，还可以将定期储蓄的多个时间进行结合。

例如，王女士本身拥有10 000元的活期存款，每月也有固定工资，则可以考虑将10 000元的活期改为一年期定期，或者是5 000元活期，5 000元半年定期，每月结余做零存整取等。具体的储蓄安排视家庭实际的开销而定，这里主要了解这种时间结合的储蓄方式。

3.2.2 存款的利息计算

虽然将钱存入银行后，银行会到期自动为我们结算利息，但是每一个投资者都有必要知道这些存款利息是怎么计算的。储蓄存款利息的计算公式如下：

利息＝本金 × 存期 × 利率

其中，利率指一定时期内利息的数额同存款金额的比率，有3种表达方式，包括年利率、月利率和日利率。三者之间的换算如下：

年利率＝月利率 ×12（月）＝日利率 ×360（天）

月利率＝年利率 ÷12（月）＝日利率 ×30（天）

日利率＝年利率 ÷360（天）＝月利率 ÷30（天）

在计算过程中，注意与存期相一致。此外，除活期储蓄年度结算可将利息转入本金生息外，其他各种储蓄存款无论存期如何，一律于支取时利随本清，不计复利。

除了知道计算方法之外，投资者还需要了解银行储蓄计息的一些基本规定，具体如下：

- 存款计息起点为元，元以下角、分不计息。

- 利息金额算至厘位，计至分位，分位以下四舍五入。分段计算利息时，各段利息应先保留到厘位（厘位以下不再保留），各段相加得出的利息总额计至分位，再将分位以下的厘位四舍五入。利息金额算至分位，分位以下尾数四舍五入。
- 银行活期存款利息是按存款的天数来计算的，目前银行的活期通常是按季度结息，每季末月的 20 日为结息日，21 日为实际计付利息日，也就是说，大部分银行的实际计付利息日日期分别是 3 月 21 日、6 月 21 日、9 月 21 日和 12 月 21 日。结息之后，上一期获得的利息会自动进入下一期，开始以复利的方式来计算利息。
- 逾期支取的定期储蓄存款超过原定存期的部分，除约定自动转存外，按支取日挂牌公告的活期储蓄存款利率计付利息。
- 定期储蓄存款在存期内如遇利率调整，仍按存单开户日挂牌公告的相应定期储蓄存款利率计算利息。
- 活期储蓄存款在存入期间遇有利率调整，按结息日挂牌公告的活期储蓄存款利率计算利息。
- 从存款当日起息，算至取款的前 1 天为止。即存入日应计息，取款日不计息。每月按 30 天计算；无论大月、小月、平月、闰月，每月均按 30 天计算存期。

下面我们以具体的例子来计算银行储蓄利息。

理财实例

陈女士活期储蓄银行账户中的利息计算

陈女士作为一名普通白领，每月工资为 6 500 元，她平时对理财了解不多，且因为收入不高，所以没有做理财，每月领取工资后除去当月生活费 2 500 元，其余则存入银行。由于担心可能出现意外花销情况，所以陈女士都做活期储蓄，方便随时支取。虽然每个季度会有利息计算的通知给到陈女士，但是她却不知道这些利息是如何计算而来的。

下面我们来看看陈女士 2021 年第一季度的活期储蓄账户余额的变化，如表 3–2 所示。

表 3-2 陈女士第一季度银行卡账户余额变化

单位：元

日期	存入	支取	余额	计息期	计息天数
1 月 10 日	4 000		4 000	1 月 10 日 ~1 月 17 日	8
1 月 18 日		500	3 500	1 月 18 日 ~2 月 9 日	23
2 月 10 日	4 000		7 500	2 月 10 日 ~2 月 14 日	5
2 月 15 日		1 000	6 500	2 月 15 日 ~3 月 9 日	23
3 月 10 日	4 000		10 500	3 月 10 日 ~3 月 20 日	11
3 月 20 日			10 500		

根据上表我们可以看到，陈女士 2021 年第一季度的活期储蓄资金变化情况，因为银行会在每季度末月 20 日结息，所以我们只计算到 2021 年 3 月 20 日即可。

从表中内容可以看到，陈女士在 2021 年第一季度的利息分为 5 个阶段，根据公式“利息 = 本金 × 天数 × 日利率”计算第一季度陈女士的利息如下（活期利息以 0.3% 的年利率进行计算）：

利息 =4 000×8×（0.3%÷360）+3 500×23×（0.3%÷360）+7 500×5×（0.3%÷360）+6 500×23×（0.3%÷360）+10 500×11×（0.3%÷360）=3.46（元）

从计算结果可以看到，活期储蓄虽然资金流动性强，便于周转，但是利息确实较低。这里再向大家介绍一些利率相对较高的储蓄方法。大家平时认识的定期通常为整存整取，即储户与银行约定一次性存入，到期后一次性支取本息的储蓄方式。其实，除了这种储蓄方法之外，还有以下两种储蓄方法。

◆ 零存整取

零存整取是定期储蓄的一种，指储户与银行在存款时约定存期、每月固定存款、到期一次支取本息的一种储蓄方式。工薪族随着工作时间的增长，工作逐渐趋于稳定，薪酬也开始稳定下来，此时就可以考虑零存整取了，每月与银行约定储蓄额度。

零存整取通常每月 5 元起存，每月存入一次，中途如果出现遗漏，可以在次月补齐，但是只有一次补交的机会。如果次月未补存则视为违约，到期支付时对违约之前的本金部分按照实存金额和实际存期计算利息；违约之后存入的本金部分，按照实际存期和活期利率计算利息。零存整取存期一般分为 1 年、3 年和 5 年，年利率分别为 1.35%、1.55% 和 1.55%，具体利率不同的银行可能存在差异。

零存整取的利息计算与活期储蓄不同，零存整取采取的是月积数计算方式，公式如下：

利息 = 月存入金额 × 累计月积数 × 月利率

累计月积数 =（存入次数 +1）÷ 2 × 存入次数

我们仍然以上述陈女士的例子进行演算，看看零存整取的利息计算。

理财实例

陈女士零存整取利息计算

根据上一案例，我们知道陈女士每月工资为 6 500 元，每月生活开销为 2 500 元，此外，每月还可能出现因意外而需要用钱的情况，所以需要预备 1 000 元作为备用金。因此，陈女士如果决定零存整取，每月定存 3 000 元，1 年期，到期后陈女士可以获得多少利息（零存整取 1 年期利率以年利率 1.35% 计算）。

1 年期零存整取累计月积数 =（12+1）÷2×12=78

利息 =3 000×78×（1.35%÷12）=263.25（元）

◆ 定活两便

定活两便是一种非常适合工薪族的储蓄方式，它既解决了定存资金流动性不强的遗憾，也克服了活期储蓄利率过低的缺点。定存两便是一种事先不约定存期，一次性存入，一次性支取的储蓄存款方式。银行会根据存款的实际存期来计息，不受时间限制，利率高于活期储蓄。

定活两便的优势在于不约定存期，可以随时支取，利率随存期的长短变化而变化，它具体的利率规定如下：

①存期不足 3 个月的，按支取日挂牌的活期储蓄利率计付利息。

②存期 3 个月以上（含 3 个月）不满半年的，整个存期按支取日定期整存整取 3 个月利率打六折计息。

③存期半年以上（含半年）不满一年的，按支取日定期整存整取半年期利率打六折计息。

④存期在一年以上（含一年），无论存期多长，整个存期一律按支取日定期整存整取一年期利率打六折计息。

由此可以看出，定活两便比较适合 3 个月以内没有大笔资金支出，同时也不准备长时间投资的储户。只要账户内的资金存期超过 3 个月，那么储户就能享受同档定期整存整取的六折利率水平。但是如果可以确定手中闲置资金超过一年期，那么还是选择整存整取的定期比较适合。

总的来看，即便是最简单的储蓄理财，其中的利息计算也有着较大的学问，如果我们只是单纯地以活期储蓄作为存款方式，必然会造成一部分收益损失。因此，即便是做储蓄理财，我们也应该根据自己的收入特点、消费水平，做出合理规划，选择利率更高、更划算的储蓄方式。

3.2.3 定期自动转存避免利息损失

定期存款的关键在于“定期”二字，要求储户在储蓄到期后按时取出本息，如果储户不定期取出就涉及下面两种情况：

①提前取出。如果储户提前到银行支取定期存款，则按照活期存款利率计算存款利息。

②延期取出。如果储户逾期到银行支取定期存款，逾期的部分利息计算则按照支取日的活期存款利率进行计算。

如果储户延期的时间过长，甚至超过一个存期，那么以活期储蓄来计算利息自然不划算。此时，我们可以考虑将定期自动转存。

定期自动转存指定期存款到期后，储户不必到银行办理转存手续，银行可自动将到期的存款本息按相同存期一并转存，不受次数限制，续存期利息按前期到期日利率计算。如果续存后不足一个存期，储户要求支取存款，那么续存期间按支取日的活期利率计算该期利息。这样一来，即便定期到期投资者不取出继续存款，也可以享受定期存款的高利息。

理财实例

定期存款 30 000 元的利息计算

公司职员杨先生有一笔 30 000 元的闲置资金，考虑到近年应该没有大额支出，所以在 2021 年 1 月 1 日将其存入 1 年期定期存款，年利率为 1.75%，活期储蓄年利率为 0.3%。如果杨先生在 2023 年 4 月 5 日取出，那么，杨先生可以获得的利息是多少？

此时，我们可以分为两种情况来对比讨论，一种是杨先生没有做定期自动转存；另一种是杨先生做了定期自动转存，下面来分别计算两种情况下的利息。

①没有做定期自动转存。

此时，存款安排为定期 1 年，活期 1 年 4 个月零 4 天，利息计算如下：

定期利息 =30 000×1×1.75%=525（元）

活期利息 =30 525×（360+120+4）×（0.3%÷360）=123.12（元）

利息和 =525+123.12=648.12（元）

②做了定期自动转存。

此时，存款安排为两次定期 1 年，活期 4 个月零 4 天，利息计算如下：

定期利息分为两个部分，第一个存期和第二个存期。

第一个存期利息 =30 000×1×1.75%=525（元）

第二个存期利息 =30 525×1×1.75%=534.19（元）

活期利息 =31 059.19×（120+4）×（0.3%÷360）=32.09（元）

利息和 =525+534.19+32.09=1 091.28（元）

通过上述计算结果可以看到，同一笔资金定期存入同样的时间，自动转存之后的利息却比没有自动转存的利息高出许多。所以，投资者在定存时应该尽量选择定期自动转存，这样可以避免因自己遗忘到期日而损失利息。

3.3 定投指数基金，省心省力

基金投资主要分为两种方式，即单笔投资和定投。其中，基金定投是指在固定时间以固定金额投资指定基金的一种理财方式。这样的理财方式比较适合每月领取固定工资，且缺乏时间和精力对基金进行管理的工薪族，而定投基金首选指数基金。

3.3.1　基金定投为什么选指数基金

基金定投是一种基金投资方式，但是在定投时通常首先选择指数型基金做定投，为什么呢？

定投的最大优势在于避免了投资时间的选择，且分批式入场可平摊资本，分散可能买高的风险，在合适时机利用相对高点获利，以达到低买高卖的结果。但是这样的方式并不适合稳定的、波动较小的债券型基金或货币型基金，更适合股票型基金。

在股票型基金中，大部分属于主动投资型基金，需要投资者花费大量的时间和精力去管理，才能实现财富的增长。但指数型基金则不同，它相比其他基金具有以下 3 点优势。

花费精力较少。指数基金投资是以减少与标的指数的跟踪误差为主要目的的被动型投资方式，目的是获取市场的平均收益，而不是超越市场，所以这样更稳定，也不用投资者花费精力去判断走势和行情。

走势更稳定。指数基金投资属于被动型投资，并不需要基金经理做大量的分析操作，所以对基金经理管理的依赖性较小。虽然很多优秀基金的业绩收益来源于优秀基金经理的主动管理，但是对于普通投资者来说，如何选择基金却是一个难题。

购买费率更低。因为指数基金不需要基金经理进行额外的分析，所以购买指数基金的费率更低，投资成本也更低。如果以定投的方式进行投资，投资指数基金也更划算。

3.3.2　指数基金的筛选要领

我们做指数基金定投是一个长期投资行为，通常投资时间在一年以上，这样才能看到投资效果。因此，在选择之初我们就要准确选择指数基金，避免中途转换。这就要求投资者在众多的指数基金中进行筛选，选择出一只适合长期投资的指数基金。

在筛选之前首先需要了解指数基金的类型。指数基金类型通常有两种划分方式，具体如下：

（1）指数按照背后公司包含的行业范围划分

指数按照背后公司包含的行业范围的不同可以分为宽基指数和行业指数。宽基指数基金指追踪宽基指数的基金，这类基金在挑选股票标的时并不限制其所在行业，通常会包含各行各业，例如沪深300、上证50等；行业指数基金指追踪行业指数的基金，这类基金在挑选股票标的时会要求只投资某个行业的股票，例如中证白酒指数。

宽基指数基金相比行业指数基金，其行业的覆盖面更全面也更稳定，比较适合新手投资者。而行业指数基金受到行业的影响较大，波动更大，适合对某一行业研究较深的投资者。

（2）按照复制方式分类

指数基金按照复制方式分类可以分为完全复制型指数基金和增强型指数基金。完全复制型指数基金就是指完全复制目标指数所包含的所有成分股，获得和追踪指数持平的收益；增强型指数基金除了复制目标指数之外，基金经理还加入了一些自己的主观投资，追求超过跟踪的指数的收益。

完全复制型指数基金相比增强型指数基金而言，因为完全复制其追踪标的，属于被动型投资，所以风险更低，也更稳定。

在了解了指数基金种类之后就可以开始进行筛选了。市面上的指数基金品种有很多，投资者可以从以下几个方面入手进行筛选。

◆ 选择基金追踪的指数

选择指数基金实际上就是选择基金追踪的指数。指数本身并没有好坏之分，只有适不适合。对于大部分投资者来说，选择一个代表性强、主流的指数即可，只要指数本身是长期向上的，就可以纳入投资范围。

另外，选择指数时除了需要自己判断，还需要遵循指数的选择原则。

在大盘处于明确上涨的趋势中时，选择大盘指数是比较稳妥的做法，因为大盘指数在持续上涨的过程中，不同的行业指数会轮动上涨，很少有投资者可以抓住牛市涨幅最大的一个或者几个行业指数，而此时最为保险的做法就是跟踪大盘指数。

在大盘处于下跌或震荡的行情中时，选择行业指数优势更明显，因为在下跌或震荡的行情中，总会出现几个行业板块走强引领市场，此时这些行业指数的涨幅必然会大于大盘指数。

◆ 选择基金公司

虽然指数基金属于被动型基金，不需要像其他股票型基金一样做频繁的基金更换操作，也不用选择股票的买进卖出时机。但这并不意味着每一家基金公司管理的指数型基金表现都完全一样，基金公司的实力也会影响指数型基金的表现，所以在选择指数基金时应该选择实力强劲的基金公司。

基金公司的实力主要体现在两个方面：一是追踪同样指数的指数基金间的差距；二是追踪同样指数的指数基金与增强型指数基金间的差距。差距越小，基金经理追踪偏离度和资金仓位管理能力越强。

◆ 关注几个数据

在筛选指数基金的过程中，有几个数据不得不引起注意，具体如下：

跟踪误差率。跟踪误差率是指数基金中特有的指标，它指的是基金和它追踪标的物的误差。这个指标越低说明指数基金复制指数越准，基金运作水平也就越高，产生的误差风险也更小。

基金规模。选择指数基金时要查看基金的规模，规模过小的指数基金说明购买的人少，流动性较差，这会进一步导致更少的人去购买，清盘的概率较大。所以投资者在筛选时应选择规模大的基金，一般不小于2亿元。

基金成立年限。基金成立的时间越长，说明它经受了市场长时间的考验，也更稳定。一般来说一年以内的基金通常不考虑，3年以上最好。

基金费用。虽然指数型基金相较于其他类型的基金来说，管理费用已经非常低了，但是在同类型的指数基金中管理费用也存在高低之分。所以投资者在筛选时可以尽量选择费用更低的基金，这样投资成本更低。

3.3.3 多种方法定投指数基金

很多人对基金定投的认识比较片面，只是单纯地认为基金定投就是固定时间投资固定金额就是了。其实不然，根据基金投入的时间和金额的不同，基金定投也分为多种方式。

市面上基金定投的方法有很多，但是大致上可以分为以下两类。

（1）定期定额

定期定额是定投中最基础的一种定投方式，指投资者在固定时间，金额固定进行投资。现在各大金融理财App都可以提前设置扣款时间和扣款金额，到期平台自动扣款即可。其中扣款时间的间隔可以按月设置、按周设置或按天设置，分隔的时间越短，投资者的投资风险就越小。

定期定额投资的优势主要在于以下几点。

①操作方法简单，不用多做思考，只要长期坚持，就能获得成功。

②定期定额避免了因为投资者个人情绪波动带来的追涨杀跌。

③定期定额投资更适合“熊长牛短”的市场行情，这样一来定投的投资者更容易在底部积累廉价筹码。

（2）定期变额

定期变额指投资者在固定的时间投资，但投资的金额依照具体的情况做出变动。首先，变额可以根据自己的收入情况来做调整，当自己的收入出现明显的上涨，此时就可以适当增加投资额度；当自己的收入出现下跌，可以适当降低投资额度。

其次，变额可以根据指数基金的实际走势来进行调整。当基金上涨，基金净值不断增大时，投资者可以投资少量金额或适当减少投资金额；当基金下跌、基金净值下跌时为投资者的补仓机会，投资者应该适当加大投资的金额。

在两种定投方式中，第一种是比较常见的，也是大部分人使用的固定式基金定投方法，而第二种则是动态型的灵活式基金定投方式。定期变额的难度在于“动态变额”，为了辅助投资者做好这种基金定投，很多金融理财软件都提供了智能定投功能，可以自动动态调节投资者的定投额度，非常便捷。

智能定投是基金定投的升级，是针对不同投资者的需求与投资目标而设计开发的新一代定期理财功能，且如今市面上的大部分理财投资软件都能提供智能定投功能。

智能定投通过参数的设置，系统自动调整定期投资的额度，降低投资风险，使投资更加轻松。

目前，市面上的智能定投策略主要包括两种，估值策略和均线策略。

下面来具体介绍这两种智能定投方式。

1）估值策略

估值策略指追踪指数估值状态然后不定期买入基金的策略，当指数处于低估值区间时自动买入基金，在指数处于非低估值区间时不买入，这样可以实现低位时加仓摊低成本，高位时不买控制风险。

通常，高于指数历史整体估值 70% 分位的部分被称为高估值区间；在 30% ~ 70% 的部分，被称为正常估值区间；低于 30% 的部分被称为低估值区间。

如果投资者定投扣款日的前一天指数估值为低估，则当期扣款；如果投资者定投扣款日的前一天指数估值为高估，则当期不扣款；如果投资者定投扣款日的前一天指数估值为正常估值，则当期不扣款。

这里的估值指的是衡量指数价值高低的重要指标。估值策略运用指数的 PE 方式来衡量指数估值的高低情况，单一指数的 PE 计算为其成分股票的总市值除以成分股近一年的归属公司的净利润。

根据指数估值这一原则，支付宝软件推出了“指数红绿灯”功能，将相关指数的成分股及股票的业绩快报、年报和市值规模数据等经计算整理形成相关指数估值。当指示灯显示绿色时，说明指数处于低估值区间，可以买入持有；当指示灯显示黄色时，说明指数处于正常估值区间，可持续关注；当指示灯显示红灯时，说明指数处于高估值区间，应立即卖出。

下面来具体看看支付宝中的指数红绿灯功能。

理财实例

支付宝指数红绿灯功能

打开支付宝，进入理财－基金页面，在页面中点击“指数基金”按钮，进入“指数基金”页面，点击“指数红绿灯”按钮，如图 3-1 所示。

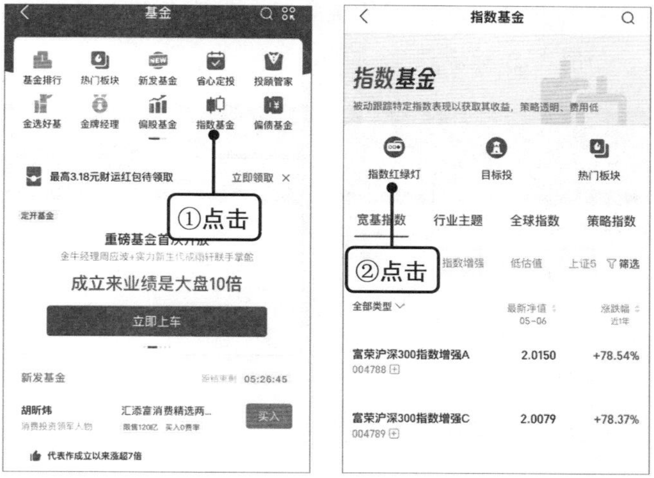

图 3-1 点击“指数红绿灯”按钮

进入指数红绿灯页面，在其下方列示了许多指数的红绿灯情况，投资者可以根据指示灯来进行筛选，选择适合的指数，这里选择“中证银行指数”选项，如图 3-2 所示。

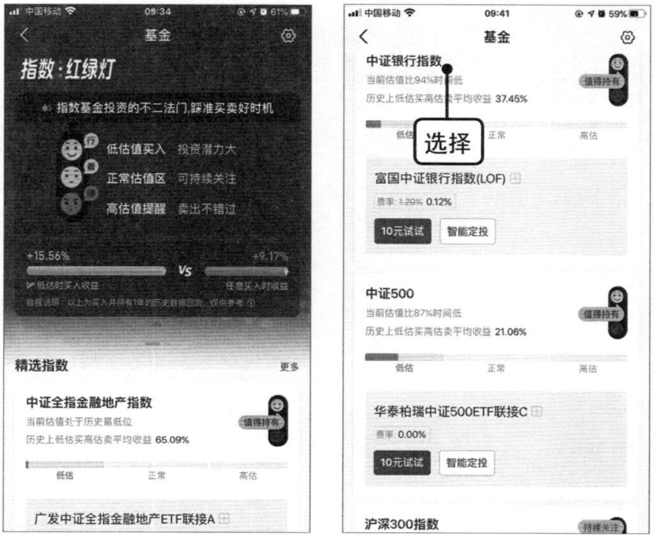

图 3-2 选择指数基金

进入“指数详情”页面，可以看到指数的介绍，指数的估值情况，以及指数的相关推荐基金，点击“估值走势”展开按钮，还可以看到指数估值走势情况，如图 3-3 所示。

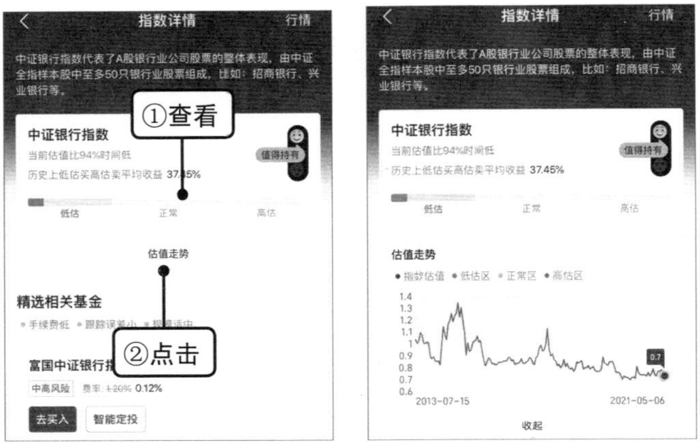

图 3-3　查看指数详情

在页面中点击右上角“行情”超链接，即可进一步查看该指数的 K 线走势并了解相关指数信息，如图 3-4 所示。

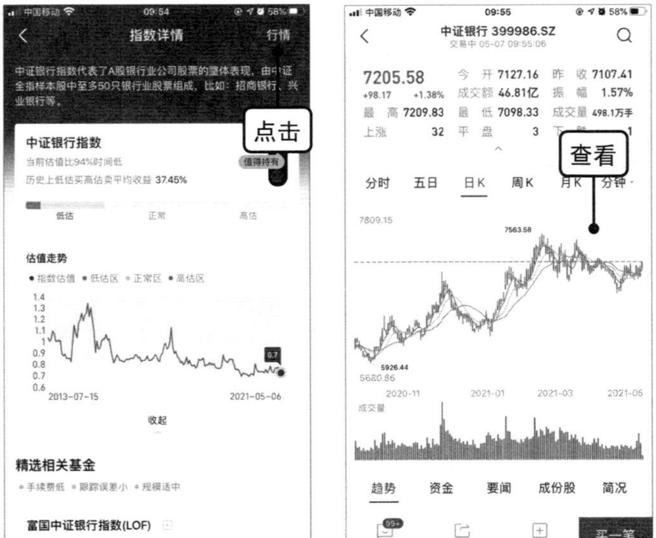

图 3-4　查看指数 K 线走势

理财贴士 *估值提醒*

为了及时了解估值的变化，投资者应做好估值的提醒设置，一旦估值发生变化可以提醒投资者做好相关操作，避免错过买卖时机。支付宝中的指数估值功能同样提供了估值提醒服务，会触发提醒的条件主要有两种：一种是正常区进入低估区，有助于投资者关注并进行买入决策；另一种是由正常区进入高估区，有助于投资者对持仓进行卖出的决策判断。

估值提醒设置非常简单，在基金－指数红绿灯页面中，点击右上角的设置按钮，转入估值提醒设置页面，点击“估值提醒推送通知”按钮即可，如图 3–5 所示。

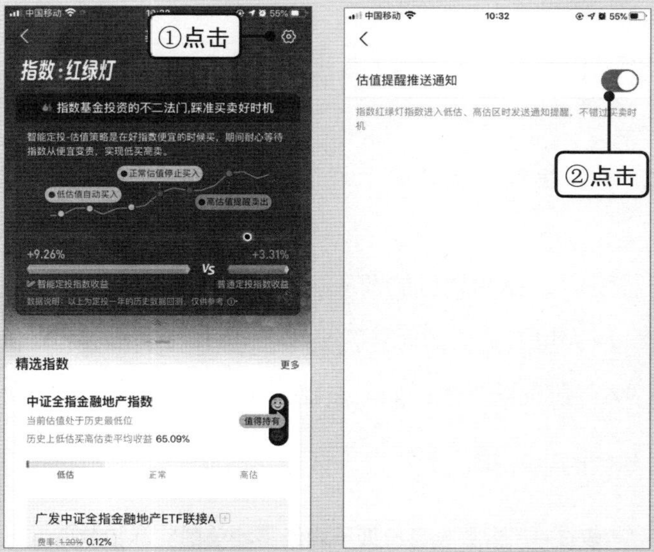

图 3–5　设置估值推送提醒

2）均线策略

均线策略指投资者根据证券市场的指数走势定期不定额买入，在高位处少量买入，在低位处大量买入的一种投资方式。投资者需要自行设置一个基础定投金额，系统按照当期扣款率计算实际定投的金额。实际定投金额的计算公式如下：

实际定投金额 = 基础定投金额 × 当期扣款率

其中，当期扣款率一般在 60% ~ 210%，具体的扣款分为两种情况。

①如果投资者定投扣款日的前一天指数收盘价高于参考均线，此时价格处于高位，应少量买进，此时扣款内容如下。

◆ 若前一日指数收盘价高于均线平均值 0 ~ 15%，实际扣款率为 90%。

◆ 若前一日指数收盘价高于均线平均值 15% ~ 50%，实际扣款率为 80%。

◆ 若前一日指数收盘价高于均线平均值 50% ~ 100%，实际扣款率为 70%。

◆ 若前一日指数收盘价高于均线平均值 100% 以上，实际扣款率为 60%。

②如果投资者定投扣款日的前一天指数收盘价低于参考均线，此时价格处于低位，应大量买进。此时还需要考虑近 10 日的振幅情况，如果振幅较大，超过 5%，则少量买进；如果振幅较小，低于 5%，则大量买入。

此时，基金的实际扣款率如表 3-3 所示。

表 3-3　指数收盘价低于均线平均值的实际扣款率

前一日指数收盘价低于均线平均值	近 10 日振幅＞ 5%，实际扣款率	近 10 日振幅≤ 5%，实际扣款率
0 ~ 5%	60%	160%
5% ~ 10%	70%	170%
10% ~ 20%	80%	180%
20% ~ 30%	90%	190%

续表

前一日指数收盘价低于均线平均值	近 10 日振幅＞5%，实际扣款率	近 10 日振幅≤5%，实际扣款率
30% ~ 40%	100%	200%
40% 以上	110%	210%

通过两种智能定投方式的介绍可以看到，智能定投最大的优势在于动态定投，能够根据市场行情的变化灵活地调整定投策略，避免机械地定额定投，这样一来投资成功的概率也更大。

两种智能定投方式应该如何选择呢？

首先，我们要明确任何一种投资策略都存在失效的可能。其次，还要区分两种智能定投的核心区别，估值定投是一种价值投资，是从股票的市值来进行分析考虑的；而均线策略则属于一种技术分析，根据指数与均线的偏离情况来做判断。

两者虽然没有好坏之分，但价值投资从背后公司的估值出发，更适合长线投资的定投模式。

3.3.4　基金定投的结束时间

对于基金定投，我们都知道需要经过长时间的坚持才能看到投资效果，获得比较明显的投资收益。但是很多人却不知道，基金定投应该什么时候结束。只要不结束定投，收益不进入口袋，始终是一场空。

因此，我们在做基金定投时，不仅要知道怎么做定投，还要知道怎样结束定投。

通常定投有 3 种比较常见的结束方法，下面来依次进行介绍。

（1）固定期限结束

固定期限结束法比较容易理解，从字面上来看，就是投资者在定投之初确定一个固定的投资期限，当投资达到该期限时便立即停止。具体的期限则根据投资者的实际投资需求进行设置。

需要注意的是，期限的时长有讲究，既不能过短，也不能过长。

定投设置的时间不能过短，因为定投本身是一个积少成多的过程，如果定投的时间太短，投入的本金不多，收益较低，投资意义不大。

但是，定投也不是时间越长越好，因为随着定投时间的拉长，积累的本金较多，单次扣款对整体的影响也越来越小，定投摊低成本的这一优势越来越难以体现，市场波动对定投的影响越来越大。所以，如果定投选择固定期限结束，3 年左右是比较好的选择，2 年次之。

（2）估值结束

前面介绍的智能定投中说明了估值买进，同样我们也可以利用估值来决定定投的结束时间，即当基金估值处于高估阶段时就结束定投。在定投之初先预设一个估值的阈值，一旦估值超过该值就认为基金被高估，则立即结束。总的来说，估值高则意味着泡沫大，此时对应的投资风险更高。

（3）预期收益结束

预期收益结束指的是投资者在定投之初就设置一个止盈的预期收益率，一旦该基金定投的收益率达到设置的预期收益率，就立即结束定投。该方法是目前比较流行的一种结束方法，很多金融理财 App 也支持设置预期收益率，一旦投资者的定投达到预期收益率就会自动结束定投。

下面以支付宝为例介绍预期收益结束定投法。

理财实例

支付宝目标投——预期收益结束法

支付宝目标投指的是按照用户约定的扣款周期和扣款日，从预先设置的扣款渠道，例如余额宝或储蓄卡中扣除指定金额买入指定基金，同时还可以设置指定目标收益率。当系统预判收益率达到目标收益率时，将自动帮用户卖出所持有的基金份额，落袋为安，结束基金定投。

打开支付宝进入“基金”页面，在页面中点击“省心定投”按钮，进入定投专区，页面展示了多种定投方式，选择“目标投”选项，如图 3-6 所示。

图 3-6　选择“目标投”选项

进入“目标投”页面，滑动页面中的收益率指标设置目标收益率，系统会默认定投计划，投资者也可以点击“修改计划”超链接修改计划，如 3-7 左图所示。

进入“修改目标投”页面，分别设置买入基金、定投金额、付款方式和定投周期，完成后点击“确认修改”按钮，如 3-7 右图所示。

图 3-7　修改计划

完成修改后，页面返回至“目标投”页面中，在该页面点击“开启新的目标投”按钮输入密码即可。如果投资者想要中途提前结束定投也是可以的，进入“目标投”页面，点击“查看详情”按钮，在新页面中点击“管理”按钮，如图 3-8 所示。

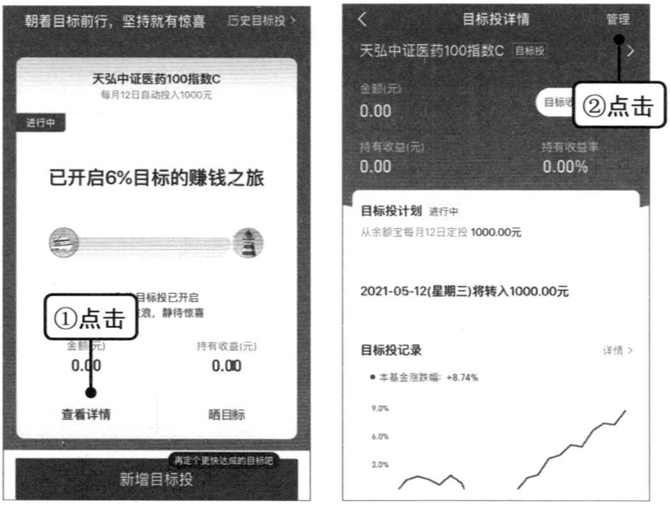

图 3-8　点击“管理”按钮

在下方弹出的菜单列表中选择“终止”选项，如 3–9 左图所示。此时，系统提示“确定终止定投吗？”，点击“确定终止”按钮，如 3–9 右图所示，再输入支付密码即可。

图 3–9　终止定投

另外，在预期收益结束法中，具体预期收益率的设置因人而异，没有确切的标准，但是要注意查看大盘行情。如果处于牛市行情中，投资者的预期收益率设置在 20% 左右比较合理，几个月的时间可以完成目标，但可能定投本金积累较少份额不多，收益可能并不高；如果处于熊市行情中，设置 20% 的预期收益率可能一时难以实现，但通过长期的扣款，投资者可以积累更多的份额，一旦行情反转就可能得到较大程度的收益回报。

3.4　用教育年金保险为孩子提前做准备

大部分的工薪族都为人父母，日常开销中孩子的教育金也占了很大一部分。虽然义务教育阶段不必为孩子准备学费，但是大学教育或继续深造则离不开大量的教育金，有计划、有安排的工薪族可以提前为孩子的教育金做好安排，将每月固定工资中的一部分定期存入作为教育金，专款专用，待孩子日后上学时就不用为学费担心了。

虽然零存整取这种定期储蓄方式可以实现这一目的，但是因为孩子的教育金通常储蓄时间较长，一般在10年以上，所以这样来看，零存整取的储蓄方式利率过低，并不适合。此时，我们可以将目光投向教育年金保险，它既可以为孩子的人身安全提供保障，也可以作为储蓄实现孩子的教育金计划。

3.4.1 教育金既是储蓄，也是保险

很多工薪族有了孩子之后都在感叹，现在养育一个孩子实在是不容易，不仅要花费大量的精力去照顾孩子，还要花费大量的金钱去养育孩子。我们首先来算一笔账，假设以当下的生活水平教育一个孩子，从幼儿园到大学毕业需要花费多少钱，如表3-4所示。

表3-4　一个孩子的教育费用

年　龄	阶　段	项　目	总费用
3岁～6岁	幼儿园	学费：公立学校一年6 000～12 000元；私立学校一年2万元～5万元不等	基础型：2万元 普通型：6万元 较好型：15万元
6岁～12岁	小学	生活费等	基础型：6万元 普通型：10万元 较好型：18万元
12岁～15岁	初中	生活费等	基础型：6万元 普通型：10万元 较好型：18万元

续表

年　龄	阶　段	项　目	总 费 用
15 岁～18 岁	高中	学费、生活费等	基础型：8 万元 普通型：12 万元 较好型：20 万元
18 岁～22 岁	大学	学费、生活费、交际费	基础型：8 万元 普通型：10 万元 较好型：14 万元

根据表格的内容可以看到，将一个孩子从幼儿园培养至大学毕业，十几年持续不间断地投入，至少需要花费三十万元。这对于大部分普通家庭来说都是一笔不菲的开销，所以我们需要提前为孩子的教育做好规划，确保孩子的教育资金不受到外界因素的影响，保证孩子能够安心、正常、顺利地完成学业。此时，我们可以考虑教育金。

教育金又称为教育保险、教育金保险或孩子教育保险，它是以为孩子准备教育金为目的的保险。教育金保险属于储蓄型的险种，具有强制储蓄的作用，且具有一定的保障功能，非常适合每月领取固定工资的工薪族，每月定额为孩子储蓄教育金，提前为孩子以后的升学做好准备。

教育金本质上属于保险。因此，教育金也具备保险基本的保障功能，例如疾病、意外伤害以及残疾等方面，都可以为孩子提供可靠的保障。

教育金相较于其他的理财产品最大的优势在于以下 5 点。

专款专用。教育金是针对孩子教育设计的产品，家长一旦选择购买教育金之后，这部分款项就只能作为孩子将来的教育支出，不能用作其他，具有很强的专一性，甚至很多的教育金产品中明确了受益人为孩子，即教育金到期后，资金只能转账至孩子的实名制账户中，而不会转到父母的账户中。

时间限制。教育金是根据孩子法定受教育的年龄来设计的，在每一个教育时间节点设置限制，不能提前，也不会滞后，具有较强的时间限制性，因此，父母前期只要定额缴费，后期孩子的教育费用就不用担忧。一般教育金的时间节点包括高中毕业、大学四年和大学毕业，有的还会包括毕业深造等。

费用限制。教育金的费用是固定的，即教育金的收益是明确的，前期父母缴费越多，后期孩子领取的教育金也就越多，不会像其他理财产品一样受到市场波动的影响，通常在购买之初就会确定后期孩子领取的数额。

缴费周期较长。因为孩子上学受教育的时间周期较长，开销较大，所以教育金的投保会以每年或每月定投的方式进行，所以投保的时间周期较长。

保费豁免。因为投保的周期时间较长，如果在这期间投保的家长因为意外失去继续投保的能力，例如身故、残疾等，可以豁免剩余的保费，孩子还是可以继续得到保险公司的保障。

综上所述，教育金保险确实不失为一种可靠的教育金储蓄方式，非常适合有孩子的工薪族家庭，通过日积月累，既可以解决孩子的教育问题，还可以为孩子提供人身保障。

3.4.2 教育金产品特点剖析

如今，市面上的教育金保险产品有很多，不同的教育金产品有不同的特点，在购买之前我们需要仔细区分它们之间的差异，选择最适合自己的一款产品。

目前教育金保险主要分为 3 种类型，具体如下：

①纯粹的教育金保险提供初中、高中或大学期间的教育费用，通常以

附加险的形式出现。

②可固定返还的保险，其返还的保险金不仅可以作为孩子上学期间的教育费用，在以后还可以持续提供生存金。

③理财型保险，如万能保险、投连保险等，具有较强的理财功能，也可以作为教育金的储备，在孩子初中、高中或大学中的某个阶段作为教育金。

下面用具体的产品实例进行介绍，帮助读者理解它们之间的区别。

理财实例

大学教育金年金险收益计算

恒安标准筑梦未来大学教育金是针对大学教育推出的一款教育金险，商品详情如表 3–5 所示。

表 3–5　筑梦未来大学教育金年金保险内容

商品名称	恒安标准筑梦未来大学教育金年金保险
被保险人年龄	出生满 30 天至 12 周岁
保险期间	至被保险人满 22 周岁
商品特色	大学教育，专款专用：针对孩子 18 周岁至 21 周岁期间的大学教育，孩子在大学期间，每年可领取保单的基本保额作为大学教育金，让家长不必再为孩子的大学学费发愁
	收益确定，保障安心：产品为传统的年金保险产品，各项保险利益确定；此外，产品还兼顾了孩子身故和全残保障
	满期保障，关爱延续：孩子年满 22 周岁的保单周年日，还可以领取最高 150% 已交保费的满期保险金，让孩子的教育深造计划、创业金或者婚嫁金有保障

下面借助具体的例子来查看该保险产品。

张先生的孩子有 4 个月大了，成为新手爸爸之后不久，就开始计划为孩子购买保险，考虑到孩子的大学教育费用是未来教育中的重大开支项目，所以他将目光投向了大学教育金保险。张先生选择5年交保费，每年交6万元，那么张先生的交费情况如表3-6所示。

表3-6 张先生交费详情

保单年度	年 龄	年交保费（元）	现金价值（元）
1	1	60 000	33 599
2	2	60 000	75 630
3	3	60 000	124 466
4	4	60 000	179 711
5	5	60 000	240 343
6	6		254 817
7	7		270 164
8	8		286 439
9	9		303 697
10	10		321 993
11	11		341 392
12	12		361 960
13	13		383 767
14	14		406 887
15	15		431 400
16	16		457 390
17	17		484 946
18	18		471 118
19	19		456 456
20	20		440 912
21	21		424 430
22	22		450 000

交费完成后，直到孩子年满 18 岁上大学时开始领取教育金，18 ~ 21 岁，4 年内每年可领取 43 044 元。到孩子 22 岁大学毕业时，可以一次性领取满期金 45 万元。

通过上述介绍，张先生的孩子可以领取生存金和满期金两部分保险收益，总额计算如下。

43 044 × 4+450 000=622 176（元）

张先生前期投入的总额为 30 万元，后期孩子总领取额为 62.20 万元，实现了收益的翻倍。这是因为年金以复利的方式增长，有别于银行的单利计息，所以增长很快。在保费缴费期满后、领取之前，每年现金价值相对于前一年增长幅度为 6%。虽然 6% 的涨幅对于很多高收益的理财产品来说并不算高，但是对于银行存款和定期理财来说，收益也很可观。

案例中介绍的教育金为第一种纯粹的针对大学阶段教育的保险，保险的各项收益都很确定，在购买之初会白纸黑字地写进合同中。这样一来，投资者就能够明确自己的投资收益情况。

理财实例

阳光成长 1 号少儿综合保障计划收益分析

阳光成长 1 号少儿综合保障计划是阳光保险公司设计的一款针对少儿教育金的保险产品，一经推出便受到了广大家长的喜爱。表 3–7 所示为阳光成长 1 号少儿综合保障计划的商品详情。

表 3–7　阳光成长 1 号少儿综合保障计划保险内容

商品名称	阳光成长 1 号少儿综合保障计划
被保险人年龄	出生满 30 天至 17 周岁
保险期间	至被保险人满 23 周岁
商品特色	专款专用：针对孩子教育的专门账户
	收益稳健：该产品为万能保险，结算利率有最低保证利率 2.5% 的保证，使得收益更稳健

续表

商品特色	随时追加：除了每期定额交费之外，还可以灵活追加
	持续奖励：持续交费到达一定期限后有持续奖励，奖励直接进入个人账户，按结算利率累计收益
	灵活领取：可灵活选择领取时间、领取金额，也可以部分领取，前 5 年部分领取需扣除手续费，5 年后领取，不收取手续费

如果上述案例中的张先生选择阳光成长 1 号少儿综合保障计划，同样年交费 6 万元，交费 5 年，此时来查看张先生的交费情况。因为阳光成长 1 号少儿综合保障计划为理财型的教育金，它的收益为浮动收益，所以不会像筑梦未来大学教育金那样白纸黑字地约定收益情况，而是以预估收益来进行演示。

但是合同会约定最低结算利率 2.5%，即保证结算利率不会低于 2.5%。因此，我们这里以最低 2.5% 的结算利率来进行演算，如表 3–8 所示。

表 3–8　张先生交费详情

保单年度	年龄	年交保费（元）	持续奖励（元）	个人账户价值（元）
1	1	60 000		60 849
2	2	60 000		123 833
3	3	60 000		188 393
4	4	60 000		254 566
5	5	60 000		322 394
6	6			330 417
7	7			347 070
8	8			355 711
9	9			367 267
10	10			379 112
11	11		2 700	391 253

续表

保单年度	年　龄	年交保费（元）	持续奖励（元）	个人账户价值（元）
12	12		2 700	403 698
13	13		2 700	416 454
14	14		2 700	429 529
15	15		2 700	429 529
16	16		2 700	442 931
17	17		2 700	456 668
18	18		2 700	470 748
19	19		2 700	485 180
20	20		2 700	499 973
21	21		2 700	515 136
22	22		2 700	530 678
23	23		2 700	546 608

从上表可以看到，合同效力满 10 年后，公司会在每个保单周年日发放持续奖励 2 700 元，持续奖励计入个人账户。

因为阳光成长 1 号少儿综合保障计划保险为万能型理财险，它的领取比较灵活，只要提前申请领取即可支取，不同于其他教育金险必须要在固定的时间节点领取。但是不同的时间节点领取，公司会收取部分领取费用，时间越长比例越低，保单年度满 6 年以后，公司将不再收取。

上表中所演示的情形是投保人没有提前领取，而是到期一次性领取，那么到期后则可以领取 546 608 元。前期张先生投入 300 000 元，孩子在 23 岁时至少可以领取 546 608 元。

通过案例可以明显看到，阳光成长 1 号少儿综合保障计划属于理财型保险，其收益波动性更大，风险也更大。

从上面介绍的两个教育金产品来看，教育金产品整体具有安全、稳定的特点，能够帮助工薪家庭进行强制储蓄，帮助孩子建立专款专用的教育金账户。但从理财投资的角度来看，教育金的回报率较低。

如果工薪族自身属于自控力较弱，不善于打理资产的人，则可以考虑教育金为孩子储蓄教育费用。如果工薪族本身有更好的投资渠道，善于打理钱财，也可以考虑其他的理财渠道。

3.4.3 购买教育金几个关键问题要理清

很多工薪族初为父母之后很激动，总是想为孩子买更好的，想为孩子提供更多的保障，在教育金方面也是，结果往往匆匆忙忙买进，发现不合适又退保，这一进一出损失大量的资金。

根本原因是这些人在购买之前对很多问题没有查看清楚，所以我们在购买教育金之前必须要对教育金的一些关键问题进行了解，具体来看主要包括以下问题。

（1）提前考虑

很多工薪族往往觉得孩子还太小，准备教育金太早了。实则不然，孩子受教育的时间是固定的，3 岁读幼儿园，6 岁读小学，18 岁读大学，所以我们需提前考虑孩子的教育费用，提前做好教育规划，尽量提前购买教育金保险。

教育金作为一种长线投资，收益是可以预估的，但是需要经过“时间 + 复利”来实现，复利问题可以通过选择一些高预定利率的产品来解决，但时间问题就只有让购买者客观经历后，才能感受到提前购买教育金的好处。

同一款产品，从 0 岁开始购买，比从 5 岁开始购买要少交费很多，即便总额相同，分摊下来每月的金额也会形成较大的差异。对于工资固定的工薪族来说，提前小额投入并不会造成太大的负担，但后期再买进，则可能会加重负担。

（2）考虑保险险种

虽然孩子的教育非常重要，但是在孩子保险的问题上，教育保险并不是第一位，意外保险和医疗保险比教育险更重要，所以家长应该在保障孩子健康的前提之下再考虑为孩子购买教育金保险。教育金保险可以作为孩子保险的附加，但是不能作为孩子保险的唯一配置。

（3）量力而行

在给孩子购买教育金保险之前，家长要充分考虑当前的收入情况，以及家庭购买的保险额度。一般来说，家庭购买保险的费用不能超过家庭总收入的 10%，而为孩子购买教育金保险的费用应包含在这 10% 以内，这样才不会影响家庭正常的生活。

（4）保费豁免条款

保费豁免条款是投保人要尤其注意的，因为孩子作为未成年人没有收入来源，孩子的成长依赖于父母，如果没有了父母则无法顺利成长。所以我们要仔细查看保费豁免条款，它指的是假如在未来作为孩子投保人的父母遭受意外而无法承担保险费用时，可以免交剩余保费，但这份教育金仍然有效的条款。因此，投保人在投保之前要仔细审阅这一内容。

（5）保障功能

在前面介绍的教育金内容中，我们重点介绍了投资收益部分，但是作为教育金，其保障功能也是重要的一部分。投保人在购买之前，还要关注教育金中附带的其他险种，包括意外保险、医疗保险等，为孩子的人身安全提供保障。

（6）核保问题

相较于其他的寿险、健康险来说，教育金保险的核保通常比较宽松，即便孩子身体有一些状况也能够购买教育金保险。所以，对于一些买不上终身寿险的孩子，可以考虑教育金保险。

（7）资金流动性差

大部分教育金保险最突出的缺点在于流动性较差，且保费普遍较高，资金一旦开始投入就必须按照合同的约定长期定期向保险公司支付保费，否则会损失大量的本金。资金在投入之后不能随时取出，只能到期取出，所以投资者在购买教育金保险之前就要明确这一问题。

第4章

浮动工资不稳定 收益来助力

有一些工薪族的工资收入并不固定，有时收入丰厚，但有时却只能满足基本开销。此时，工薪族则需要提前养成理财投资的习惯，当收入骤减时，还可以有投资收益来作为补充，避免生活陷入困境。

4.1 浮动工资投资分析

浮动工资与固定工资相反，它指的是随着企业经营成果好坏和职工个人劳动成果的大小而浮动变化的薪酬。因为它具有浮动性的特点，所以其理财方式显然不能和固定工资一样，我们在理财之前，首先要仔细分辨这类工资做投资时的特点，从而找到适合的理财产品。

4.1.1 浮动工资具有的特点

浮动工资指的是每月浮动变化较大的工资，比较典型的就是销售人员的工资。下面我们以销售人员为例来具体看看浮动工资的特点。

销售人员的工资特点可以从两个方面来进行分析考虑，分别是工资结构和影响工资的因素。

（1）工资结构

销售人员的工资与其销售业绩、销售能力密切相关，所以销售人员的工资往往以销售能力作为主要考核内容，同时为了激励员工更加努力地做好销售工作，销售人员的工资往往会采取低底薪 + 高提成的形式。常见的销售人员有以下 4 类薪酬模式，如表 4-1 所示。

表 4-1 销售人员的薪酬模式

薪酬模式	内　容	
纯佣金模式	说明	佣金以某个指标（如销售收入、销售利润、销售量等）的一定百分比提取，比例高低取决于产品价格、销售量及产品销售的难易程度等，是可以变动的

续表

薪酬模式	内　容	
纯佣金模式	结构	员工工资 = 销售额（或毛利、利润）× 提成率
	优势	纯佣金模式即将销售人员的业绩与薪酬直接关联，销售业绩高的员工可获得高工资，销售业绩低的员工则获得低工资，能对员工起到激励作用，促使员工积极投入工作
“底薪 + 提成”模式	说明	“底薪 + 提成”的薪酬模式结合了固定底薪和销售提成两个部分，即销售人员当月有一定的销售额，无论销售人员当月是否完成销售任务都能够得到固定底薪。如果销售人员完成当月销售任务，则超过部分按照比例提成
	结构	员工工资 = 固定底薪 +（当月销售额 − 销售任务额）× 提成率（当月销售额 < 销售任务时，提成率 =0，下同） 员工工资 = 固定底薪 +（当月销售额 − 销售任务额）× 毛利率 × 提成率
	优势	“底薪 + 提成”的薪酬模式实际上融合了固定底薪模式和纯佣金模式的特点，使销售人员的个人工资既能有固定薪资作为保障，又与其销售业绩关联，激励销售人员提高薪酬水平
“底薪 + 奖金”模式	说明	“底薪 + 奖金”模式指销售人员工资由基本固定工资和绩效奖金两个部分组成，绩效奖金虽然不直接与销售人员的销售额联系，却与一系列和销售工作相关的指标联系，例如销售额、利润额、客户满意度及客户增长率等。根据销售人员的绩效成果设置不同的奖金等级，销售人员达到相应的销售任务即可获得相应的奖金
	结构	员工工资 = 基本薪酬 + 奖金
	优势	“底薪 + 奖金”的模式改进了仅以销售额为考核目标的模式，使得员工的考核更全面，工资维度更广
“底薪 + 提成 + 奖金”模式	说明	“底薪 + 提成 + 奖金”模式参考了前面 3 种模式的特点并进行了综合，也被越来越多的企业采用。首先确定部门奖金总额，再确定个人收入

续表

薪酬模式	内　容	
"底薪＋提成＋奖金"模式	结构	部门奖金总额＝（销售部门当期整体销售额－整体销售定额）× 提成率 个人收入＝基本薪酬＋(个人当期销售额－销售定额)× 提成率＋部门奖金总额 × 个人当期销售额 ÷ 销售部门当期整体销售额
	优势	将员工的个人利益与部门利益紧密联系在一起，有利于培养员工的团队协作精神，提高团队凝聚力

根据上面介绍的几种常见的销售人员工资模式可以看到，销售人员的工资浮动变化较大，底薪往往只占了很小一部分，有的销售工作甚至没有底薪。如果当月销售业绩不佳，工资就仅能够保障基本生活状态。在这样的工资模式下，如果工薪族仍然以每月定存或定投的方式参与投资，显然是不现实的。

（2）影响工资的因素

影响销售人员工资高低的因素有很多，除了自身的销售能力之外，还有一些外界因素的影响，具体如下：

◆ 销售行业普遍存在淡季、旺季现象，在淡季时人们对产品的需求量小，销售业绩低，工资低；在旺季时人们对产品的需求量大，销售业绩高，工资高。

◆ 销售的产品也会影响销售业绩的高低，新品发售时更容易吸引客户，销售业绩更高。

◆ 销售人员的业绩受到节假日的影响也较大，例如春节、中秋、元旦等节日，人们出行消费的积极性相比平常来说更高。

综上所述，可以看到销售人员的工资浮动性较大，主要体现在两个方面，一个是工资本身的金额浮动，还有一个是时间的浮动，所以我们在考虑投资时要对投资门槛和资金灵活性两个方面多做考虑。

4.1.2　针对浮动工资的财务规划

了解了浮动工资的特点之后，我们要针对这些特点对领取这类工资的工薪族的财务进行细致的规划。因为浮动工资特有的“浮动”性会为生活带来不确定性，也会增加不安全感，所以理财投资更多的是从“稳”字出发，具体来看需要做到以下 4 点：

①控制好消费，清楚每月的生活消费的额度，提前为自己准备 1 ～ 2 个月的生活保障金，避免低收入时影响自己的生活质量。这部分的生活保障金可以放置在货币基金中，或是前面介绍的余额宝之类的产品中，方便及时提取。

②考虑好家庭风险问题，主要是医疗或意外等，避免出现家庭因突发情况急需用钱，但最近几个月工资却不理想的情况。此时应提前购买相关保险产品，增加家庭抵御风险的能力。

③理财投资的钱应该是闲置的资金，不能借贷理财。在收入较高的时候，除去当月生活开销之后的闲余资金可以用于理财，但是在选择理财产品时应该选择稳健一些的理财产品。

④理财时要充分考虑资金的流动性，以防出现工资骤减、需要取出理财资金应急而不能及时取出的情况。但是如果投资者已经提前预备好了生活保障金，能够应对未来一段时间的生活开销，则投资时可以适当降低资金的流动性。

我们需要明确的是，投资理财不仅是购买理财产品赚钱，更重要的是合理地对生活进行规划，打理财富，让我们的生活可以更加顺遂。

下面介绍几种适合领取浮动工资的工薪族进行投资的理财产品。

4.2 债券型基金——稳健投资的不二选择

想要做稳健型的投资，首先可以考虑债券型基金，因为债券型基金主要投资于债券市场，相较于股市的风起云涌、变幻无常，债券则受市场波动影响较小，收益更稳定，所以可以为投资者提供更稳定的收益回报。

4.2.1 更稳健的债券型基金

债券型基金从概念上来看，指的是以国债和金融债等固定收益类的债券作为主要投资对象的基金，债券投资比例达到 80% 以上，所以债券型基金具有强稳定性的特点。

具体来看，债券型基金的稳定性主要表现在以下几个方面。

①投资风险较低，因为债券型基金的主要投资对象是债券，而债券具有风险极低的特点，所以债券型基金的投资风险也很小。

②收益稳定，因为债券型基金的主要投资对象是债券，而债券的收益是固定的，所以债券型基金的收益也更稳定。

③债券型基金设立的初衷就是追求基金资产的稳健增值，而不是股票证券中的风险收益，所以这类基金会更注重风险的控制，将降低投资风险作为投资的主要目的。因而，债券型基金更稳定。

债券型基金也有不同的分类，其中也存在风险的高低之分，投资者在购买债券型基金之前要明确自己的债券型基金是哪一类，风险程度如何，再考虑是否应该买进。

债券型基金主要包括两种划分方式，即按照投资范围划分和按照收费规则划分，具体如下：

（1）按照投资范围划分

债券型基金按照投资范围划分可以分为以下 4 种类型：

◆ **纯债基金**：纯债基金指专门投资债券的基金。
◆ **一级债基**：主要投资债券，但剩余部分资金可以参与新股申购的债券基金。
◆ **二级债基**：主要投资债券，但可以少量投资股票的债券基金。
◆ **可转债基金**：主要投资可转债的基金。

需要引起注意的是，由于最新监管规定，如今一级债基已经不能参与新股申购了，所以大家也可以将一级债基理解为纯债基金。

（2）按照收费规则划分

将债券型基金按照收费规则进行划分，可以分为 A、B 类，或者是 A、B、C 类，例如博时稳定价值债券分为 A/B，而万家经济新动能混合分为 A/C。

无论是分为 A、B、C 这 3 类，还是 A、B 两类，它们的核心区别在于申购费，如果是 A、B、C 这 3 类基金，A 类表示前端收费；B 类表示后端收费；C 类表示没有申购费。如果是 A、B 两类，A 类为申购时收取前端申购费用，无赎回费；B 类为赎回时收取后端申购费用，无赎回费。

4.2.2　债券型基金与债券的区别

虽然债券型基金主要的投资对象为债券，但是它与债券却存在较大的区别，如果投资者单纯地以债券的方式看待债券型基金显然是错误的，我们想要通过债券型基金获得稳健收益，需要明确两者之间存在的差异。

债券型基金与债券的区别主要体现在以下 5 个方面：

◆ 所有权关系不同

债券型基金代表的是投资者与基金管理人之间的信托关系，但债券表示的是债权人与债务人之间的债务关系。

◆ 产品本质

债券型基金和债券两者作为理财产品从本质上来看存在较大差异，债券型基金属于组合投资工具，大部分资金组合投资不同的债券之外，剩余部分的资金还会组合投资其他理财产品。但是债券则不同，债券是单一的理财产品，属于一种融资工具，主要投向实业。

◆ 收益性

债券型基金虽然收益相对其他理财产品而言较为稳健，但并不固定，因为其投资组合中可能存在股票这类波动幅度较大的理财产品，所以收益难以估算。而债券则不同，债券在购买之初便已经确定了票面利率，投资者可以根据购买价格、票面利率及时间等计算到期收益。

◆ 时间性

债券型基金属于开放基金，投资者可以根据自己的需要随时买进卖出，更加灵活，也更适合收入浮动的工薪族。但债券则不同，债券在购买之初会与投资者约定持有时间，且时间较长，一般在 3 年左右，有的甚至在 5 年以上；而且大部分债券不能提前赎回，如果投资者提前赎回可能会损失部分利息收益。

◆ 风险性

债券型基金与债券的风险都主要是利率风险，但是债券投资距离到期日越近，利率风险也就越小；而债券型基金因为没有固定的到期日，所以利率风险取决于所持有债券的平均剩余期限，又因为债券型基金的平均到期日通常相对固定，所以债券型基金的风险会保持在一定的水平。

4.2.3　债券型基金的投资分析技巧

查看一只债券型基金适不适合投资，我们需要对其进行相应的分析，判断其风险性，再做打算。具体来看，主要包括下面几个步骤。

（1）查看债券型基金的资产配置

判断一只债券型基金的稳健程度、投资的风险情况，首先需要查看该债券基金的资产配置情况。如果资产配置中只有债券，说明该基金为纯债型债券基金，风险较低；混合债基中最多可以将 20% 的资金投资于股票；可转换债基则会将 60% 以上的资产投资于可转换债券，因为可转换债券可以转换成公司股票，所以风险性更大。

（2）查看债券品种

因为债券的发行和募集规模较大，所以通常一只基金产品中持有的债券数量并不多，投资者可以对这些债券的品种进行一一查看分析，包括债券发行人、收益率和到期日等。如果债券的发行人是企业，则还要进一步查看其信用，判断违约风险。

（3）查看股票持仓

虽然债券型基金中只有少部分（20% 以下）资产投资于股票，占比较小，但是这部分投资的收益情况会直接影响债券型基金的最终收益。所以投资者应该查看债券型基金中的股票持仓情况，了解基金经理的投资风格，预估未来的收益水平。

理财实例

国富恒瑞债券 A（002361）基金分析

李先生最近准备将一笔闲置的资金投入债券型基金中，以获得资产的增值，他看上了国富恒瑞债券A基金。考虑到债券型基金的投资风险性问题，他对该基金做出了如下分析。

首先查看该基金的资产配置情况，表4-2所示为国富恒瑞债券A基金的资产配置。

表4-2　资产配置情况

报告期	股票占净比	债券占净比	现金占净比	净资产
2021-3-31	13.93%	82.61%	2.48%	12.75亿元
2020-12-31	16.34%	80.95%	1.20%	5.77亿元
2020-9-30	15.67%	81.33%	1.87%	5.19亿元
2020-6-30	16.98%	80.23%	1.16%	6.16亿元
2020-3-31	13.70%	81.91%	2.90%	8.43亿元

从上表可以看到，在该债券型基金的资产配置中，股票长期占比15%左右，债券占比80%左右，而现金占比在2%左右。就资产配置来看，该基金符合债券与股票结合的投资策略，在符合相关比例的前提下，通过积极的债券投资组合管理获取较高的投资收益，再以股票投资作为辅助，提升该基金的收益水平。

其次，查看该基金的持债情况，具体如表4-3所示。

表4-3　2021年1季度持债明细

序号	债券代码	债券名称	占净值比例	持仓市值（万元）
1	210201	21国开01	18.79%	23 956.80
2	210202	21国开02	11.71%	14 931.00
3	180212	18国开12	7.10%	9 047.70
4	200312	20进出12	3.92%	5 003.50
5	190214	19国开14	3.14%	4 001.20
6	110059	浦发转债	2.97%	3 783.67

续表

序　号	债券代码	债券名称	占净值比例	持仓市值（万元）
7	113011	光大转债	0.65%	831.48
8	113034	滨化转债	0.63%	807.07

根据该基金的持债明细可以看到，在该基金中主要持有的是国债，包括“21 国开 01”“21 国开 02”“18 国开 12”和“19 国开 14”，占比超过 40%。我们知道国债是所有债券中风险最低、安全性最强的债券，所以稳定性较强。

“20 进出 12”是中国进出口银行发行的政策性金融债券，因为其发行主体是我国政策性银行，所以安全性较强，风险较低。

因为国债和金融债券的利率较低，一般在 2.5% 左右，为了提高收益率，所以该基金做了转债投资，分别是“浦发转债”“光大转债”和“滨化转债”，一共占比 4% 左右。这样一来，如果二级市场中转债行情较好，则可以享受低买高卖的价差收益；如果市场不好，还可以持有到期享受到期票面利率。其次，因为浦发转债的发行人为浦东发展银行，光大转债的发行人为中国光大银行，银行作为发行人，这样的债券利率风险更低。

从该基金的持债明细可以看到，该基金倾向于国债的投资，其次则是安全性极高的以银行为发行主体的债券，所以可以看出该基金的投资风格比较稳健，安全性较高。

最后，还要查看该基金的持股情况，具体如表 4-4 所示。

表 4-4　2021 年 1 季度持股明细

序　号	股票代码	股票名称	占净值比例	持仓市值（万元）
1	601966	玲珑轮胎	3.97%	5 062.18
2	601166	兴业银行	2.44%	3 107.13
3	002304	洋河股份	2.04%	2 602.26
4	000651	格力电器	1.78%	2 262.99

续表

序　号	股票代码	股票名称	占净值比例	持仓市值（万元）
5	601009	南京银行	1.25%	1 598.96
6	600000	浦发银行	1.10%	1 408.15
7	002044	美年健康	0.58%	742.56
8	000403	派林生物	0.52%	662.41
9	603899	晨光文具	0.23%	292.96
10	600276	恒瑞医药	0.02%	24.82

从上表可以看到，该基金投资对象为主板股票，这些股票的共性是都具有清晰的主营业务和主营收入。其中，持仓比例最大的是玲珑轮胎，占比近 4%。玲珑轮胎属于橡胶和塑料制品业，是一家专业化、规模化的技术型轮胎生产企业，公司主导产品轮胎涵盖高性能轿车子午线轮胎、乘用轻卡轿车子午线轮胎和全钢载重子午线轮胎等 10 000 多个规格品种，且连续多年入围世界轮胎 20 强，中国轮胎前五强企业。公司经营稳定，利润实现稳定增长。

其次，我们还可以看到，在该基金的重仓持股中有许多银行股，例如兴业银行、南京银行和浦发银行，占比接近 5%。银行业是所有行业中最为稳定、长期成长性最好的行业，所以该基金大量持有银行业股票更稳定。

最后，从整体来看，不管是资产配置、债券持仓，还是股票持仓，该基金的投资都偏向稳健，风险相对较低，比较适合李先生投资。

4.2.4　风险甚微的纯债基金投资

对于风险厌恶者来说，债券型基金中有一类基金千万不能错过——纯债基金。

其实我们在前面已经简单地介绍过纯债基金，它指的是全部资金投资于债券的基金。正因如此，所以相比于用其他部分资金投资股票的混合型债券基金，纯债基金风险更低。其次，纯债基金的债券投资并不会投资一、二级市场，只专门投资债券，所以选购纯债基金的风险并不大。但是，市面上的纯债基金有很多，我们应该怎么来选择呢？首先，需要明确纯债基金的类型。

纯债基金根据投资债券的剩余期限不同，可以分为短期纯债基金和中长期纯债基金。一般来说，我们将久期在 397 天以内的纯债基金称为短期纯债基金，而久期超过 397 天的纯债基金称为中长期纯债基金。

其中，久期是衡量债券投资利率风险的一个指标，其意义与“剩余期限”趋近，指债券或债券组合的平均还款期限。也就是说，债券持有人收回本金和利息的平均时间，时间越短，持债人就能越快收到钱，自然投资的风险也就越小。所以，我们可以理解为，久期越短，说明利率对债券的影响越小，风险也越低；久期越长，说明利率对债券的影响越大，风险也越高。

那么，应该选择短期纯债基金还是中长期纯债基金呢？此时，需要结合市场利率（等于 10 年期国债收益率）来进行判断。当市场利率在低位时，后期上升的可能性较大，债券价格下降，久期长的债券比久期短的债券下降幅度更大，所以此时短期纯债基金的抗风险能力更强，应该选择短期纯债基金；当市场利率在高位时，后期下跌的可能性较大，债券价格上升，久期长的债券比久期短的债券上升幅度大，所以此时中长期纯债基金获益能力更强，应选择中长朝债券。通常来说，市场利率接近 3% 时为低位，市场利率接近 4% 时为高位。

最后，在确定了短期纯债基金或长期纯债基金之后，还要进一步想办法从中选择优质的纯债基金，可以从以下 4 个方面来进行筛选。

◆ 挑选基金公司

一只优质的、高收益的纯债基金离不开基金经理的管理和基金公司的投研实力。所以，我们在选择之初尽量选择一些规模大、实力强的基金公司。

◆ 看基金的历史业绩

虽然基金的历史业绩并不能代表未来的收益，但是纯债基金属于比较稳健的基金类型，过去的历史业绩情况能够在很大程度上说明该基金的实力，所以应该选择一些历史业绩优秀、稳健的基金。

◆ 看基金的评级情况

很多权威机构会对基金做出评级，投资者可以将其作为重要的参考指标，例如晨星评级。这些机构每年、每半年、每季度、每月甚至每周都会对基金进行评级排名，评级越高的基金越优质。

◆ 看基金波动情况

投资者购买纯债基金的最大原因在于其具有的稳定特点，所以在选择时应该选择净值波动小的基金，更稳定。具体来看时，我们应该选择回撤率小的纯债基金。回撤率指基金在一段时间内净值从最高的位置下跌到最低位置的幅度，数值越大，回撤率越高，风险也就越大。

4.3 保本型基金——让你没有后顾之忧

任何投资都可能存在风险，也就是说本金会有损失的可能性，但是保本型基金却不是，它没有本金损失的风险，投资者可以安心买进，让投资者没有后顾之忧。

4.3.1 保本型基金的“保本”如何实现

对于保本型基金很多人都比较陌生，接触不多，但是它已经在国外风行了很多年，也受到一部分人的追捧。保本型基金指的是在一定投资期限内，对投资者投入的本金提供 100% 或更高保障的基金。

保本型基金能够提供本金保障的关键在于它的投资标的，它主要是将大部分的本金投资在具有固定收益的投资工具上，例如定存、债券和票券等，让到期时的本金加利息大致等于期初所投资的本金。另外，将极小比例的本金投资于衍生性金融工具上，赚取投资期间的市场利差。所以，保本型基金在设计上提供了小额投资人保本及参与股市涨跌的投资机会。

但是保本型基金有几个重要问题需要引起注意，具体如下：

（1）保本期限

保本型基金是开放式基金，我们知道开放式基金支持随时赎回，但是保本型基金却不同，它在成立之初会有保本期的约定，保本期通常是在 2 ~ 3 年，有的会达到 5 年。如果投资者提前赎回，基金公司不会承担任何的保本义务，本金就可能遭受损失。

（2）保本但不保收益

对于保本型基金，基金公司会向投资者承诺本金保障，但是并不会保证预期收益。从一定程度上来看，如果投资者持有基金一定期限后只能赎回本金而没有预期收益的话，也算是一种损失。

（3）差额补偿

保本型基金一般会找信用良好的担保人进行担保，也就是说，基金持有人在认购期购买并持有到期，若出现保本期间的累计分红金额低于投资金额的情况，担保人应保证向持有人承担上述差额部分的偿付。需要注意的是，若基金持有人提前赎回，则没有差额补偿。

总的来看，保本型基金在资金流动性上面存在一定的缺陷，不能自由赎回，可以将其视为一种半封闭式基金，但是相对地，投资者可以避免承受本金遭受损失的风险。

4.3.2 保本型基金百分百保本吗

很多人对保本型基金存在疑问，保本型基金真的是百分百保本吗？其实不一定，除了投资者提前赎回不保本之外，还存在两种不保本的情况，因此，投资者在投资时要特别注意以下内容。

（1）看清保本承诺

关于保本型基金，公司承诺的保本分为两种情况，即认购保本和申购保本。认购保本指的是基金在募集期，投资者认购基金，基金公司做出的保本承诺；申购保本指的是基金正式成立后，投资者申购基金，基金公司做出的保本承诺。

所以，投资者投资之前首先要明确该保本基金的保本协议属于认购保本，还是申购保本。如果属于认购保本，那么投资者在基金募集期之后的开放期申购，则不在保本条例内。

（2）看清保本比例

除了承诺保本的时间节点之外，还要看清保本的比例。保本型基金的保本类型大致上可以分为 3 种类型：完全保本但不保息、完全保本及保障利息、只保障部分本金及固定利息。

如果属于第三种，只保障部分本金及固定利息收入，那么投资者还要进一步看清条款中的保本比例，有的保本型基金保本比例是本金的 80%，有的保本比例是本金的 90%。

下面看一个具体的例子。

理财实例

诺安汇鑫保本混合型基金（320020）保本解读

诺安汇鑫保本混合型基金是 2012 年 4 月 18 日发行的保本型基金，其保本承诺内容如下。

保本额为基金份额持有人认购并持有到期的基金份额的投资金额，即基金份额持有人认购并持有到期的基金份额的净认购金额、认购费用及募集期间的利息收入之和。

在保本周期到期日，如按基金份额持有人认购并持有到期的基金份额与到期日基金份额净值的乘积加上相应基金份额累计分红款项之和计算的总金额高于或等于保本额，基金管理人将按可赎回金额支付给基金份额持有人；如基金份额持有人认购并持有到期的基金份额与到期日基金份额净值的乘积加上相应基金份额累计分红款项之和计算的总金额低于保本额，则基金管理人应补足该差额，并在保本周期到期日后 20 个工作日内（含第 20 个工作日）将该差额支付给基金份额持有人。

但基金份额持有人未持有到期而赎回或转换转出的基金份额或者发生《基金合同》约定的其他不适用保本条款情形的，相应基金份额不适用保本条款。

从上述的保本承诺中我们可以得到以下信息。

①该基金为认购保本型的保本基金，投资者只有在基金募集期认购，才可以实现保本。

②该基金的保本金额为认购持有到期的基金份额的净认购金额、认购费用及募集期的利息收入之和，属于完全保本及保障利息的保本型基金。这里的利息按同期银行活期存款利率计算。

③保本周期到期日，如果投资者持有的基金份额与基金份额净值的乘积，加上累计分红之和计算的总额高于或等于保本额，则直接赎回领取即可。

④保本周期到期日，如果投资者持有的基金份额与基金份额净值的乘

积，加上累计分红之和计算的总额小于保本额，则补足差额给基金份额持有人。

通过上述例子，我们可以看到保本型基金的保本有明确的承诺，包括保本额、保本期限，在承诺的范围内如果出现本金损失，可以得到补偿，实现保本。所以，投资者在投资之初要清楚这项基本的保本承诺内容。

4.3.3 审视自己是否适合保本型基金

我们知道，风险与收益相对应，高风险可能会带来高收益，而低风险自然不会带来高收益。保本型基金因为其“保本”的特性，其大部分资金投资于低风险的货币、债券等产品，只有少部分资金投资高收益的产品，所以从整体来看，保本型基金的收益率较低。

这样看来，保本型基金更适合那些无法承受本金损失，而又希望能够分享证券市场收益的投资者。这部分投资者可以通过时间交换空间的方式，在保证本金的前提下，追求证券市场的资本增值。

其次，在买进之后，就一定要坚持持有至保本期末，如果中间赎回，可能会出现本金损失。

另外，如果外部投资环境恶劣，利率水平较低，股票市场低迷，此时投资者投资保本型基金还是比较适合的，一方面保本型基金的收益可以跑过银行利率，收益更高；另一方面，熊市行情中股市风险更大，稍有不慎便遭受重创，在这样的情况下，保本型产品显然更受欢迎。

4.4 股票型基金投资——享受炒股收益

工薪族每月的余额不多，尤其是浮动薪酬的工薪族，能够随意支配用于投资的闲置资金更为有限，此时如果直接投资股票市场，一来需要较高的投资成本，二来股市波动变化大，风险更大。所以，想要获取高收益的投资者，可以将眼光聚焦到股票型基金中，因为其起投金额更低，投资也更稳健。

4.4.1　股票基金投资与股票投资的区别

股票型基金指将 60% 以上的基金资产投资于股票市场的基金，而股份公司发行的所有权凭证，是股份公司为筹集资金而发行给各股东作为凭证并以此取得股息和红利的有价证券。

虽然股票型基金投资与股票投资都是对股票市场投资，但是两者之间却存在明显的差异，具体如表 4-5 所示。

表 4-5　股票型基金投资与股票投资的差异

项　目	内　容
发行主体	股票是由股份有限公司发行的，基金是由投资基金公司发行的。所以股票投资是直接投资，以公司的实业发展为投资背景；股票型基金为间接投资，投资的是基金经理的操作管理能力
风险程度	股票的投资风险大于股票型基金，因为股票型基金为组合投资，同样的资金投入，却在投入股票的同时还投入了债券、货币等其他产品，分散了风险；其次基金经理管理更为专业，相比个人投资风险更低
投资门槛	股票投资的单位为手，起投门槛为 1 手，1 手 =100 股，而股票型基金没有严格的起投金额限制，很多股票型基金 10 元起投，投资门槛更低
投资操作	短线股票投资属于投机行为，通过低买高卖赚取差价，但是长线投资者属于价值投资。基金投资属于长线投资，因为基金在短期内的波动较小，收益并不明显，需要长时间地持有才能看到收益

所以，对于想要投资股票市场但是闲置资金不多，且缺乏一定投资经验的投资者来说，股票型基金确实为一个较好的产品。

4.4.2 筛选一只表现优异的股票型基金

股票型基金是所有基金种类中数量最多的一种类型，我们任意打开一个基金网就能看到各种各样的股票型基金。为了避免被众多信息迷惑而选择不适合的基金，我们要掌握股票型基金的选择方法。

（1）从基金名称入手

虽然都是投资股票的基金，但是因为股票数量众多，各个基金投资的重点也不同，所以形成了多种类型的股票型基金。在我们不清楚该基金的风格特点时，第一步可以从基金名称入手，对该基金做一个大致的判断。

通常一只基金的投资风格和投资策略可以通过其名称体现出来，例如主要投资行业板块的基金，基金名称中带有“消费”“医药”或“军工”等字样，这些字样就说明了该基金主要投资的板块。投资者在投资之前要明确自己是否了解这些板块或主题，以及市场未来一段时间的走向等。

另外，基金名称中还会经常添加一些名词，例如“成长”“增长”或“价值”等，反映了该基金的投资方向和选股策略，具体如下：

- **红利**：基金名称中带有“红利”二字，往往这类基金对分红有特殊规定。
- **成长**：基金名称中带有“成长”二字，说明该基金更倾向于投资快速发展的成长型企业，投资风格比较激进，更积极追踪市场热点，收益可能更高，但同时风险也可能更高。
- **价值**：基金名称中带有“价值”二字，说明该基金对大盘蓝筹股和长期价值提升型的上市公司投资较多。换句话来说，就是该基金并不追踪市场热点或题材股，而是从价值的角度考虑，选择一些业绩稳定、有发展潜力的企业。
- **精选、优选**：基金名称中带有“精选”或“优选”二字，这类基金的投资策略比较模糊，优选和精选从字面意思上来理解即可。

- **稳健**：基金名称中带有“稳健”二字，说明该基金的投资风格偏向于稳健，该基金在股票仓位比例及重仓股的选择上都会更谨慎。

（2）基金投资风格九宫格

通过基金名称完成初选后，还要查看基金的投资风格。判断基金的投资风格最直接的方法就是九宫格。

基金九宫格也称为晨星投资风格箱法，该方法将影响基金业绩的两项因素列举出来：基金所投资股票的规模和风格，以基金持有的股票市值为基础，把基金投资股票的规模风格定义为大盘、中盘和小盘；以基金持有的股票价值－成长特性为基础，把基金投资股票的价值－成长风格定义为价值型、平衡型和成长型。

其中，大盘、中盘和小盘的意义如下：

①大盘股指沪深股市中，前 100 只规模最大的股票，指数中的上证 50、中证 100，都属于大盘股。

②中盘股指沪深股市中，除了上面 100 只股票之外，规模其次的 200 只股票，比如中证 200。

③小盘股指沪深股市中，除了上面 300 只股票之外的其他股票，比如中证 500。

大盘股、中盘股和小盘股的区别在于，小盘股的股票波动较大，也容易受到大资金的控制，而大盘股则相对更稳定，难以出现大涨大跌的情况。

价值型基金、成长型基金和平衡型基金的内容如下：

①价值型基金，通常追求稳定的经常性收入，一般以大盘蓝筹股为主，例如一些金融、公共事业类股票。

②成长型基金，以追求资本增值为目的，主要以具有良好增长潜力的股票作为投资对象，例如新兴行业或科技行业等。

③平衡型基金，是居于以上两种类型中间的基金。

3 种类型的基金，从风险来看，成长型基金的风险最大，价值型基金的风险最低。

然后将它们分别纵向和横向进行排列，如图 4-1 所示。

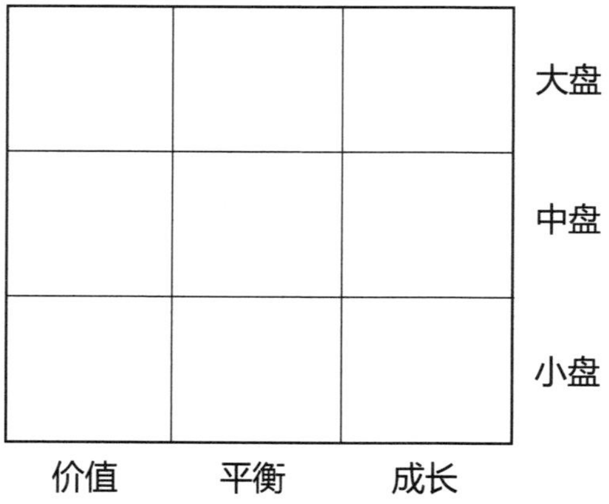

图 4-1　基金风格九宫格

从上图可以看到，投资风格中风险最大的是右下角小盘成长型，风险最低的是大盘价值型。

关于基金的投资风格，可以在基金详情页面中查看。

下面来看一个具体的例子。

理财实例

易方达消费行业股票（110022）基金风格分析

图 4-2 所示为易方达消费行业股票基金的投资风格九宫格图。

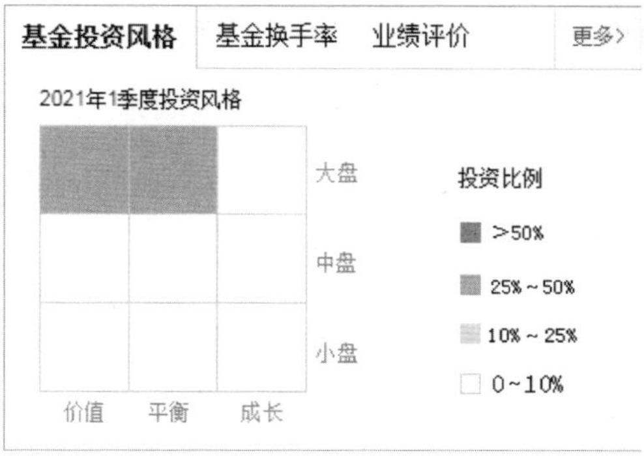

图 4-2　易方达消费行业股票基金投资风格九宫格

从图中可以看到，该基金的投资重点在于大盘价值型和大盘平衡型，各占比 25% ～ 50% 和 50% 以上，由此可以看出，该基金的投资风格比较稳健，属于稳中求胜的投资类型。

（3）看基金的历史业绩

通过股票型基金的历史业绩可以看出该基金的历史表现情况，如果基金长期表现良好，能够经受住市场的考验，自然值得考虑。但如果基金过往的表现是波动幅度较大，有时候表现优异，有时表现较差，说明该基金不稳定，也不能轻易入场。

基金的历史业绩主要从两个方面来看：一是阶段涨幅，查看该基金各个阶段的涨幅情况，与同类基金平均业绩进行对比，还要查看它与大盘指数的涨幅对比，判断其是否跑赢同类平均和大盘指数；二是查看基金的业绩排名，在同类基金中业绩排名是否位于前列，是长期排名靠前，还是偶尔靠前。

如果基金的业绩涨幅跑赢了同类平均和大盘指数，且排名长期靠前，则说明该基金业绩表现比较稳定，值得投资者考虑投资。

（4）基金经理

投资者还要查看基金经理的情况。股票型基金属于主动型基金，基金的业绩情况主要依赖于基金经理的操作，如果基金经理自身比较优秀，那么由他操盘的股票型基金自然更值得信赖。

现在的基金网都会对基金经理的业绩做出评价，可以帮助投资者做参考，图 4-3 所示为天天基金网的基金经理评价。

图 4-3　基金经理评价

不同的基金经理有其不同的优势，有的基金经理经验值高，有的基金经理收益率高，还有的基金经理抗风险能力强等。投资者投资之前要明确该基金经理的投资风格，看是否与自己相符，如果自己比较注重收益率，那么可以重点查看基金经理的收益率表现。另外，还可以从综合评分的角度来看基金经理的实力情况。

经过这样一番筛选之后，投资者筛选出的基金往往更优质，业绩表现也更好。

4.4.3　基金成立时的投资目标查看

判断一只股票型基金是否具有投资价值，投资者通常需要对该基金进行基本面和技术面两个方面的分析，对该基金在未来一段时间的发展前景进行评估。

股票型基金的分析包括的内容很多，首先需要考虑基金的投资目标。每一只基金在成立之初都会设定自己的投资目标，该目标是基金日后投资发展的方向，基金经理人在选择具体的股票和债券时也会从投资目标的角度进行筛选。所以，通过基金的投资目标，投资者可以了解该基金投资的风险状况和收益程度。

因此，投资者需要查看基金的投资目标与自己的投资目标是否吻合。

理财实例

金鹰医疗健康产业 C（004041）投资目的查看

金鹰医疗健康产业 C 基金是 2017 年 5 月 19 日发行的一只股票型基金，其投资目标为"本基金主要投资于医疗健康产业证券，在严格控制风险的前提下，追求超越业绩比较基准的投资回报。"

从投资目标可以看到，该基金主要致力于医疗健康产业方面的股票投资，收益目标在于获取超出业绩比较基准的投资回报。在这样的投资目标指导下，该基金重仓买进了许多医疗健康方面的股票，表 4-6 所示为截至 2021 年 3 月 31 日该基金的前十持股情况。

表 4-6　金鹰医疗健康产业 C 的前十持股情况

序　号	股票代码	股票名称	占净值比例	持仓市值（万元）
1	300122	智飞生物	9.01%	3 203.14
2	300363	博腾股份	8.79%	3 125.30
3	000661	长春高新	7.29%	2 590.88
4	000516	国际医学	5.94%	2 111.07
5	603456	九洲药业	5.91%	2 102.70
6	300760	迈瑞医药	5.01%	1 780.03
7	300595	欧普康视	4.97%	1 767.65

续表

序　号	股票代码	股票名称	占净值比例	持仓市值（万元）
8	603259	药明康德	4.78%	1 700.63
9	300677	英科医疗	4.25%	1 510.06
10	600763	通策医疗	3.99%	1 420.34

从表中的持仓个股来看，我们发现该基金重仓持股了许多医药行业的龙头股，例如疫苗龙头智飞生物、生长激素龙头长春高新和牙科服务龙头通策医疗等。

近年来，随着经济高速发展，人们的生活水平不断提高，人们也越来越重视自身的健康问题。此外，随着人口老龄化问题的加剧，医药行业的规模不断扩大，在需求和技术进步等诸多因素的推动下，医药行业得到快速发展。

图 4-4 所示为金鹰医疗健康产业 C 的收益走势。

图 4-4　金鹰医疗健康产业 C 的收益走势

从图中可以看到，该基金业绩表现优异，收益呈现出稳定向上攀升的趋势，同时收益率走势线长期位于同类平均走势和沪深 300 指数走势上方，且差距逐渐拉大，说明该基金以追求超越业绩比较基准的投资回报为目标，表现突出，这就是基金投资目标带来的影响。

4.4.4　基金的重仓股结构分析

虽然基金产品资料中的重仓股信息比较滞后，但从基金规模上来看，因为基金的资金体量大，所以很难在短时间内将重仓股全部卖出，大量调仓。所以，投资者仍然可以通过对基金重仓股结构进行分析，查看基金经理的投资风格，判断其风险分散程度。

理财实例

广发优势增长（007750）与嘉合同顺智选股票 C（009107）持仓对比

广发优势增长股票基金是 2019 年 12 月 25 日成立的一只股票型基金，嘉合同顺智选股票 C 基金是 2020 年 5 月 22 日成立的一只股票型基金，下面我们从两只基金的股票持仓情况来分析两只基金的风险情况。

首先是广发优势增长股票基金，表 4–7 所示为截至 2021 年 3 月 31 日的前十持股。

表 4–7　广发优势增长股票基金前十持股

序　号	股票代码	股票名称	占净值比例	持仓市值（万元）
1	300363	博腾股份	10.91%	7 393.40
2	600079	人福医药	9.99%	6 772.20
3	300454	深信服	8.38%	5 681.00
4	300012	华测检测	7.57%	5 130.00
5	603882	金域医学	7.50%	5 082.00
6	603267	鸿远电子	7.27%	4 929.74
7	000516	国际医学	5.10%	3 455.00
8	600132	重庆啤酒	4.93%	3 338.70
9	002747	埃斯顿	4.93%	3 338.15
10	002967	广电计量	4.05%	2 744.00

从上表可以看到，该基金前十股持仓比例较重，达到 70.63%（10.91%+9.99%+8.38%+7.57%+7.50%+7.27%+5.10%+4.93%+4.93%+4.05%），资金比较集中。

我们再看前十股的行业分布，发现前十股中有 4 只股票为医药行业股票，两只股票为专业服务股票，其余分为软件信息技术、通信技术和酒业股票，说明该基金经理尤其看好医药行业，在医药行业方面的仓位较重。

然后，我们看嘉合同顺智选股票 C 基金的前十股持仓情况，表 4–8 所示为截至 2021 年 3 月 31 日的持仓情况。

表 4–8　嘉合同顺智选股票 C 基金前十持股

序　号	股票代码	股票名称	占净值比例	持仓市值（万元）
1	600519	贵州茅台	5.65%	964.32
2	601318	中国平安	4.95%	843.66
3	600036	招商银行	4.57%	779.79
4	601166	兴业银行	3.27%	558.41
5	000568	泸州老窖	2.94%	501.79
6	600809	山西汾酒	2.61%	445.95
7	000725	京东方 A	2.52%	429.43
8	300122	智飞生物	2.48%	422.60
9	002594	比亚迪	2.41%	411.28
10	300015	爱尔眼科	2.39%	407.64

从上表可以看到，该基金前十股持仓比例较轻，前十股的比例仅占 33.79%（5.65%+4.95%+4.57%+3.27%+2.94%+2.61%+2.52%+2.48%+2.41%+2.39%），资金相对比较分散。

其次，我们再看前十股的行业分布，发现前十股中有 3 只股票为酒业龙头股，两只股票为银行股，两只为医药行业股票，其余为计算机、保险和汽车股票，且比例相对比较均衡，说明该基金经理对行业板块的投资比较分散。

从两只股票基金的前十股持仓情况来看，可以得出广发优势增长股票基金的基金经理投资风格更为大胆，资金更集中，通过相对较少的股票种类来获取较高的收益。而嘉合同顺智选股票C基金的基金经理投资风格更为稳健，他通过分散持仓来达到分散风险，同时博取收益的目的。两种投资风格中，第一只基金更适合激进的投资者，收益可能更高，风险也更大；第二只基金适合稳健一些的投资者，风险相对更低一些。

4.4.5 坚持长期持有，抵御短期波动

股票投资中有很多投资者倾向于短线操盘，抓住一波上涨行情，在股价即将触顶下跌之前或是止涨下跌的初期卖出，通过低买高卖获得差价收益。那么股票型基金是否也可以这样呢？

其实不然，股票型基金更适合长线投资，长期持有往往能够获得更高的收益。主要存在以下几个方面的原因。

（1）投资成本

基金投资中，申购和赎回都需要交纳一定费用，如果反复、多次地申购、赎回，自然会增加投资成本。而基金公司为了鼓励投资者长期持有，一般赎回费用的高低与时间直接相关，持有的时间越长，费用越低，满足一定的时间期限后，还能免交赎回费用。所以，从投资成本的角度来看，长期持有更划算。

（2）波动情况

从波动情况来进行判断，股票型基金与股票有所不同，虽然都是对股票进行投资，但是两者的波动情况却存在较大的差异。股票波动变化大，瞬息万变，所以股票投资需要投资者自身灵敏反应，避免被套。但是股票型基金为组合投资，风险分散到多个股票中，短期来看，基金净值波动变

化并不大，所以并不适合波段操盘；反之，长线持有才能够获得更高的收益。

（3）**投资对象**

股票投资是投资股票背后的公司，股票受到多方面因素的影响，在市场中快速波动变化，投资者需要及时对这些变化做出反应。但股票型基金属于价值投资，投资的是基金经理和基金公司，只要看好并相信该基金经理，那么短期内的波动则并不是特别重要。

综上所述，股票型基金投资与股票投资的策略不同，更适合长线投资，这样才能获得更高的收益。

第5章

额外奖金补贴 为投资添砖加瓦

工薪族除了固定的工资收入之外，有时还会得到一些意外之喜，例如奖金、补贴等。因为这部分收入不是固定的，具有一定的偶然性，所以我们需要好好规划，丰富投资。

5.1 额外奖金补贴类收入的投资特点

额外奖金补贴这类收入与常规的工资收入有所不同，不能按照常规的投资方式对其进行处理，我们需要仔细了解分析后，针对它们的特点，选择适合它们的理财产品。

5.1.1 哪些收入属于额外奖金补贴

对工薪族而言，除了日常固定的工资收入之外，额外获得的收入都属于奖金补贴，具体来看主要包括以下一些：

◆ 奖金

奖金指的是对劳动者的超额劳动，即超出平均水平的劳动所支付的劳动报酬，也是对做出显著成绩的劳动者的一种物质奖励。奖金的形式有很多，根据不同的企业、不同的工种，有不同的奖金形式，例如超额奖、质量奖和综合奖等。

◆ 津贴

津贴是指补偿职工在特殊条件下的劳动消耗及生活费额外支出的工资补充形式。常见的包括矿山井下津贴、高温津贴、野外矿工津贴、林区津贴、山区津贴、驻岛津贴、艰苦气象台站津贴、保健津贴和医疗卫生津贴等，此外，生活费补贴、价格补贴也属于津贴。

◆ 补贴

补贴是指为保证职工工资水平不受物价上涨或变动影响而支付的各种补贴，如副食品价格补贴、粮价补贴、煤价补贴、房贴、水电贴及提高煤炭价格后部分地区实行的民用燃料和照明电价格补贴等。

◆ 福利

福利是对员工生活的照顾，是组织为员工提供的除工资与奖金之外的物质待遇，是劳动的间接回报。

通过上述介绍可以发现，这些收入都具有一些共同的特点，具体如表 5-1 所示。

表 5-1　额外收入的特点

项　　目	内　　容
时间不确定	这些额外的收入在时间上具有不确定性，可能这一个月有，下一个月就没有了。此外，发放的时间也存在一定的不确定性，可能月初，也可能月中或月底，不一定与工资同时发放
金额不确定	这些额外收入的发放在金额上也存在不确定性，具体发放金额的多少与公司经营情况和公司实力情况直接相关，员工往往也难以估算
规划不确定	这些额外的收入与常规的工资收入的区别还在于规划不确定性，通常工薪族在工资发放之初就已经考虑好了工资的具体安排，包括房贷、车贷和生活开销等，有比较清晰的开销计划。但是这部分额外的收入，因为属于计划之外的收入，所以资金的使用性更为灵活，可操作的空间也更大

5.1.2　对额外收入的投资要求

从上述额外收入的特点分析可以看到，这部分收入的可操作空间较大，也更灵活，具体表现在以下几个方面。

流动性。我们在利用日常工资做理财投资时不得不考虑资金的流动性，避免出现突发意外而影响正常生活的情况。但在利用额外收入做理财时则可以不用考虑资金的流动性，因为这部分资金属于额外的收入，日常生活的开销已经得到了基本保障，所以我们可以考虑一些流动性稍差、收益率更高的理财方式。

时间性。额外收入对理财投资的时间要求更低，对一些以时间换空间的理财产品也比较适合。

投资门槛。额外收入可能高，也可能低，例如奖金收入，有的奖金收入较高，上千元或是上万元，但有的奖金收入则只有几百元。因此，我们在利用额外收入理财时，要选择投资门槛与额外收入额度匹配的理财产品。

这样看来，适合额外收入的理财产品有很多，下面我们具体来看看。

5.2 债券投资低风险更安全

债券是一项众所周知的低风险理财产品，也是大部分保守型投资者的首选。债券是以时间换空间的典型，所以它对时间有一定的要求，资金流动性较差，但是比较适合额外收入做投资。我们在前面的债券型基金投资中简单地提及过债券，本节就来仔细看看债券投资。

5.2.1 债券投资是怎么回事

债券是一种金融契约，是政府、金融机构和工商企业等直接向社会借债筹措资金时向投资者发行，同时承诺按一定利率支付利息并按约定条件偿还本金的债权债务凭证。

投资者购买债券的同时，就与债券发行者形成了一种债权债务关系，债券发行人为债务人，投资者为债权人。

需要注意的是，债券的本质是债的证明书，具有法律效力。因此，在债券上必须载明基本内容，以便表明债权人与债务人之间的权利与义务。具体内容如表 5–2 所示。

表 5-2　债券的基本要素

要　素	内　容
债券面值	债券面值指债券的票面价值，也是发行人对债券持有人在债券到期后应偿还的本金数额，更是发行人向债券持有人按期支付利息的计算依据。但是债券的面值与债券的实际发行价格并非绝对一致，当发行价格大于债券面值时为溢价发行，例如，面值为 100 元的债券，发行价为 101 元；当发行价小于债券面值时为折价发行，例如，面值为 100 元的债券，发行价为 99 元
偿还期	偿还期指发行人在债券上载明的偿还债券持有人本金的期限
付息期	付息期指发行人在债券上载明的支付债券持有人利息的时间。因为债券的种类不同，所以付息期也有多种方式，包括到期一次性支付，每年支付、每半年支付和每 3 个月支付等。另外，到期一次付息的债券，其利息通常是按单利计算的；而年内分期付息的债券，其利息是按复利计算的
票面利率	票面利率指债券利息与债券面值的比率，它在数额上等于债券发行人每年应付给债券持有人的利息总额与债券总面值相除的百分比
发行人名称	发行人名称指明债券的债务主体，便于债权人到期追回本金和利息

上述表格中叙述的债券要素并非全部都印刷在票面上，很多情况下，债券发行者是以公告或条例的方式向社会公布债券的期限和利率。

此外，投资之前每位投资者还需要对债券的种类有一个基本了解。债券的划分方法有很多，但实际运用最多的还是根据主体划分，将债券分为政府债券、金融债券和企业债券。

①政府债券指政府为筹集资金而发行的债券，主要包括国债、地方政府债券等，其中最主要的是国债。国债信誉好、利率优、风险小，又被称为“金边债券”。除了政府部门直接发行的债券外，有些国家把政府担保的债券也划归为政府债券体系，称为政府保证债券。这种债券由一些与政府

有直接关系的公司或金融机构发行，并由政府提供担保。

②金融债券是由银行和非银行金融机构发行的债券。在我国金融债券主要由国家开发银行、进出口银行等政策性银行发行。金融机构有雄厚的资金实力，信用度较高，因此金融债券往往有良好的信誉。

③企业债券是指由企业发行的债券，在我国，企业债券可以分为企业债券和公司债券。其中，企业债券是按照《企业债券管理条例》规定发行与交易、由国家发展与改革委员会监督管理的债券，其发债主体为中央政府部门所属机构、国有独资企业或国有控股企业，因此它在很大程度上体现了政府信用；公司债券的管理机构为中国证券监督管理委员会，发债主体为按照《中华人民共和国公司法》设立的公司法人，在实践中，发行主体为上市公司，信用保障是发债公司的资产质量、经营状况、盈利水平和持续盈利能力等。

3 种债券的投资风险为：政府债券 < 金融债券 < 企业债券，所以对于风险厌恶者来说，政府发行的政府债券为投资首选。与风险相对应的是收益，企业债券虽然风险相对较大，但是它的利率也更高，所以也更容易受到广大投资者的追捧。

5.2.2 根据债券信用评级选择债券

我们在选择债券时，有一个重要信息不能忽略，就是债券信用评级。债券信用等级是由某些权威机构通过对债券发行者的财务状况及经营状况全面调查后对其所发行债券按一定标准所评定出的级别。

信用评级是衡量债券违约情况的重要标准，也是投资者购买债券进行债券投资的重要指标。对大部分个人投资者来说，因为时间、地域及信息的限制，使其无法对债券的质量做出准确的判断，而债券信用评级是专业机构对债券还本付息的可靠程度进行的客观、公正和权威的评价，可以大幅降低投资者的投资风险。

债券信用评级是以企业或经济主体发行的有价债券为对象进行的信用评级。债券信用评级通常为企业债券信用评级，是对具有独立法人资格的企业所发行某一特定债券的按期还本付息的可靠程度进行评估，并标示其信用程度的等级。

债券等级分为 3 等 9 级。AAA 级为最高级，AA 级为高级，A 级为上中级，BBB 级为中级，BB 级为中下级，B 级为投机级，CCC 级为完全投机级，CC 级为最大投机级，C 级为最低级。

所以 C 级的还本付息能力较差，风险最大，A 级还本付息能力最强，风险最低。投资者应从 A 级债券中进行选择。

如今在金融网上购买债券时，都能直接看到债券评级，图 5-1 所示为和讯网债券评级。

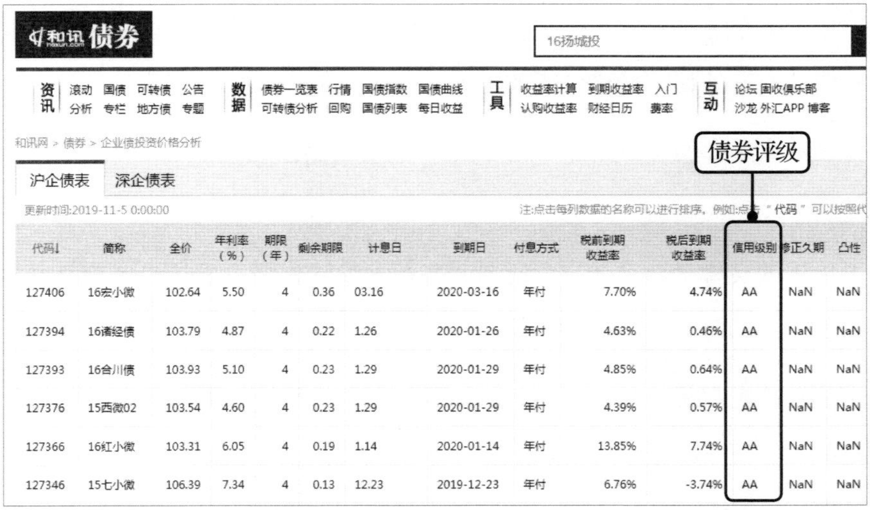

代码↓	简称	全价	年利率（%）	期限（年）	剩余期限	计息日	到期日	付息方式	税前到期收益率	税后到期收益率	信用级别	修正久期	凸性
127406	16宏小微	102.64	5.50	4	0.36	03.16	2020-03-16	年付	7.70%	4.74%	AA	NaN	NaN
127394	16诸经债	103.79	4.87	4	0.22	1.26	2020-01-26	年付	4.63%	0.46%	AA	NaN	NaN
127393	16合川债	103.93	5.10	4	0.23	1.29	2020-01-29	年付	4.85%	0.64%	AA	NaN	NaN
127376	15西微02	103.54	4.60	4	0.23	1.29	2020-01-29	年付	4.39%	0.57%	AA	NaN	NaN
127366	16红小微	103.31	6.05	4	0.19	1.14	2020-01-14	年付	13.85%	7.74%	AA	NaN	NaN
127346	15七小微	106.39	7.34	4	0.13	12.23	2019-12-23	年付	6.76%	-3.74%	AA	NaN	NaN

图 5-1　债券评级

5.2.3 债券投资的收益计算

债券的投资收益计算是债券投资中的重中之重。债券与其他理财工具不同，例如股票，股票处于变化中，未来的投资收益难以估算，但是债券的票面利率是固定的，所以到期收益是可以计算的。

与其他投资一样，债券投资收益也用到期收益率来表示，也就是指债券收益与投资者投入的本金比率，一般用年收益率来表示。

债券收益与债券的利息不同，因为投资者在债券持有期内，可以在二级市场上进行债券买卖，所以债券收益除利息收入外，还包括买卖盈亏。为了精确衡量债券收益，通常使用债券收益率这个指标，而决定收益率的主要因素有债券的票面利率、期限、面额和购买价格。债券收益率计算公式如下：

债券收益率 =（到期本息和 − 发行价格）÷（发行价格 × 偿还期限）×100%

由于债券持有人可能在债券偿还期内转让债券，因此，债券的收益率还可以分为债券出售者的收益率、债券购买者的收益率和债券持有期间的收益率。所以各自的计算公式如下：

债券出售者的收益率 =（卖出价格 − 发行价格 + 持有期间的利息）÷（发行价格 × 持有年限）×100%

债券购买者的收益率 =（到期本息和 − 买入价格）÷（买入价格 × 剩余期限）×100%

债券持有期间的收益率 =（卖出价格 − 买入价格 + 持有期间的利息）÷（买入价格 × 持有年限）×100%

理财实例

17 温氏 01（112506）债券投资的收益计算

17 温氏 01 债券的基本资料如表 5-3 所示。

表 5-3　债券基本资料

发行额（亿元）	5.00	发行价（元）	100	期限（年）	5
年利率（%）	4.60	计息日	03.20	到期日	2022-03-20
债券类型	固定	付费方式	年付	信用级别	AAA

张先生在 2017 年债券发行时买进该债券，如果持有该债券到期，那么张先生此番投资的收益率计算如下：

投资收益率 =（100+100×4.60%×5−100）÷（100×5）×100%=4.6%

如果张先生持有 4 年后，以 102 元的价格卖出给陈女士，那么张先生这 4 年的债券收益率计算如下。

债券出售者收益率 =（102−100+100×4.60%×4）÷（100×4）×100%=5.1%

如果陈女士持有债券到期，那么陈女士的债券收益率计算如下：

债券购买者的收益率 =（100+100×4.60%−102）÷（102×1）×100%=2.55%

5.2.4　债券投资零风险吗

对于债券投资，大部分投资者的印象都是低风险、安全、稳定等一系列描述，但是债券投资真的是零风险吗？

其实不是，虽然债券投资风险较低，但还是存在一定的风险。债券的风险类型主要有以下 4 类。

违约风险。违约风险是债券的主要风险，也称为信用风险，指的是债券发行人不能按时足额支付债券利息或偿还本金，给债券投资者带来损失的风险。

价格风险。价格风险指因为利率变化而引起的债券价格实时波动变化，给投资者带来的风险。但是，对于准备持有到期的债券持有人来说，价格波动变化没有影响，因为投资者的投资收益为最终的利息收入。

购买力风险。购买力风险也是通货膨胀风险，指因为通货膨胀，货币贬值使得投资者实际收益缩水的风险。

流动性风险。流动性风险又称变现能力风险，指投资者在紧急需要资金时无法以合理的价格将债券卖出而承担的风险。

上述风险中尤其需要引起重视的是违约风险，而容易出现违约风险的是企业债券。所以，投资者在投资之前需要对债券发行企业的经营状况进行查看，评估其是否能在规定的期限内偿还投资人的本金和利息。

查看时，可以从以下 3 个方面入手：

①看债券发行公司的背景，如是否为国企，相对于民营企业来说，国企更稳定。

②查看企业所在行业，最好选择资源型垄断行业，行业集中度较高的，这样的企业更稳定。

③查看企业是否为上市企业，或旗下是否有上市公司，如果是上市公司，那么还要查看其是不是“ST”或“*ST”股票，如果是的话，最好不要购买。

但是，总的来看，债券投资的风险还是比较低的。首先，能够发行债券的企业通常都具有雄厚的资金实力，且为了保护投资者的相关利益，债券的发行者都要经过相关部门的严格审查，只有信誉度较高的筹资人才会被批准发行债券，而且公司发行的债券大多需要进行担保。其次，一旦发行企业出现破产或清算时，会优先偿还债券持有者的债券投资。

因此，投资者不需要过分恐惧和担心风险问题，但是也不要认为债券为零风险理财产品，投资者在进行债券投资时，只需掌握一定的方法合理降低、控制风险即可。

5.3 可转债投资进退皆宜

可转债是债券中比较特殊的一个品种，因为它既具备债券的债性，也具备股票的股性，投资方法更丰富，也比较适合工薪族。

5.3.1 可股可债的可转债投资

可转换债券指的是债券持有者可以在一定时期内，在特定的条件下，按照一定的比例或价格将其转换成普通股票的企业债券。从可转换债券的概念就可以看出，可转换债券具有债券和股票的双重特性，即具有债性和股性，具体特点如下：

债权性。债权性指可转换债券与其他债券一样，也有债券的基本要素，即规定的利率和期限，投资者可以简单持有债券，直到偿还期满时收取本金和利息。

股权性。股权性指的是可转换债券转换成股票之后，债券持有人就从原本的债权人变为公司的股东，可以享受股票的红利分配，也可以参与企业的经营决策。

可转换性。可转换性是可转换债券的最大特点，即债券持有人可以按照约定的条件将债券转换成股票，这是可转换债券持有人享有的特殊的选择权，是一般债券所没有的。可转换债券通常在发行之初就明确约定，债券持有人可按照发行时约定的价格将债券转换成公司的普通股票。但如果债券持有人不想转换，也可以继续持有债券，直到偿还期满时收取本金和利息，或者在流通市场出售变现。如果持有人看好发债公司股票增值潜力，在宽限期之后可以行使转换权，按照预定转换价格将债券转换为股票，发债公司不得拒绝。正因为具有可转换性，可转换债券利率一般低于普通公司债券利率，企业发行可转换债券可以降低筹资成本。

也就是说，当可转换债券的债券价值大于股票价值时，投资者可以持有可转换债券到期；当可转换债券的股票价值大于债券价值时，投资者可以将可转换债券转为股票。

正是因为可转债这种特殊的性质，使得它既可以采取积极的投资策略，享受股票市场的高收益，也可以退而求其次，以债券收益作为兜底，获得保障利息。

可转换债券投资的关键在于“转换”二字，何时转换、如何转换及是否转换等，都直接影响投资者的收益情况。所以，投资者在投资之前必须掌握可转换债券关于“转换”的一系列问题，具体如表 5-4 所示。

表 5-4　可转换债券的转换要素

要　素	意　义
有效期	可转换债券的有效期与其他债券相同，指的是债券从发行之日起至偿清本息之日的存续期间
转换期限	转换期限指的是发行机构规定的可转换债券可以转换成普通股票的时间。在该期限内，持债人可以自由地按照转换比例或转换价格完成债券到股票的转换。我国《上市公司证券发行管理办法》规定，可转换公司债券的期限最短为 1 年，最长为 6 年，自发行结束之日起 6 个月后方可转换为公司股票
转换比例	转换比例指一定面额的可转换债券可转换成普通股票的股数，公式为：转换比例 = 可转换债券面值 ÷ 转换价格
转股价	转股价指可转换公司债券转换为每股股票所支付的价格，公式为：转换价格 = 可转换债券面值 ÷ 转换比例，可转换债券通常在发行之初就确定了转股价

续表

要素	意义
强制赎回条款	指上市公司按照票面金额加一定利息的方式赎回可转债的条件，常见为：30 个交易日内，只要有 15 个交易日正股的股价大于转股价的 130%，那么发行人就可以按照一定的价格将可转债赎回
下调转股价条款	如果股市持续大幅下跌，上市公司为了促进可转债转换为股票，有权下调转股价，这样就可以促使投资者转股了
回售保护条款	回售是为了保护投资人的利益，就是如果正股价格下跌超过转股价下修条款规定的价格时，上市公司又不下调转股价的，那么，可转债持有人有权利在回售期内把可转债以回售价格回售给公司

从上表可以看到，可转换债券是一种相对来说比较复杂的理财产品，它内嵌 4 个期权，即转股、回售、赎回和下修，但同时这也给投资者提供了更多的投资玩法和获利机会。

5.3.2 持有可转债获取债券利息

可转债持债获息是可转债投资中最简单的一种投资方法，即将其视为债券，持有到期，然后收取本金和利息。这是可转债投资中风险最低、收益最稳定的一种获利方法。

将可转债单纯作为债券投资，收取利息收益时，投资者首要考虑的是债券利率。债券利率越高，可转债的持债价值也就越大。

可转债的持债利息计算与普通债券不同，普通债券的利率是固定的，到期后直接根据利率计算到期利息即可。但是，可转债的利率为递进利率，每一年的利率不同，投资者持债的时间越长，利率越高。

图 5-2 所示为可转债久立转 2（128019）的基本信息。

久立转2 - 128019 (正股：久立特材 - 002318　行业：钢铁-钢铁Ⅱ-特钢)							+自选
价格：140.70		转股价值：140.68		税前收益：-8.07%		成交(万)：15597.73	
涨幅：1.30%		溢价率：0.01%		税后收益：-8.60%		剩余年限：3.005	
转股起始日	2018-05-14	回售起始日	2021-11-08	到期日	2023-11-08	发行规模(亿)	10.400
转股价	7.62	回售价	100.00	赎回价	106.00	剩余规模(亿)	8.295
股东配售率	72.39%	转股代码	128019	质押代码	-	债券评级	AA
网上中签率	0.0050%	已转股比例	20.24%	折算率	0.000	主体评级	AA
担保	无担保						
转股价下调	在本次发行的可转换公司债券存续期间，当公司股票在任意连续三十个交易日中至少有十五个交易日的收盘价低于当期转股价格的 80%时						
强制赎回	在本可转债转股期内，如果本公司股票任意连续 30 个交易日中至少有 20个交易日的收盘价不低于当期转股价格的 130%（含 130%）						
回售	在本可转债最后两个计息年度，如果公司股票收盘价连续 30 个交易日低于当期转股价格的 70%时						
利率	第一年 0.3%、第二年 0.5%、第三年 1%、第四年 1.3%、第五年 1.5%、第六年 1.8%						
税前YTM计算公式	1.50/(1+x)^2.005 + 1.30/(1+x)^1.005 + 1.00/(1+x)^0.005 + 106.000/(1+x)^3.005 - 140.5010 = 0						

图 5-2　可转债基本信息

从图中可以看到，可转债久立转 2（128019）6 年期，它的利率第一年为 0.3%，第二年为 0.5%，第三年为 1%，第四年为 1.3%，第五年为 1.5%，第六年为 1.8%，逐渐上升。

另外，可转债与一般债券不同，除了每年在固定时间按照约定的利率支付利息之外，到期时可转债持有人还可以获得远高于最后一期利息和本金的到期赎回金。但是，需要注意的是，到期赎回价中已经包含了最后一期的利息了。

以上述可转债久立转 2 为例，按照普通债券的到期收益计算方式，久立转 2 债券到期后，投资者的赎回金额应该计算如下：

本息和 = 本金 + 利息 =100+100 × 1.8%=101.80（元）

但实际上，从上图可转债的基本信息可以看到，可转债久立转 2 到期后投资者可以得到的赎回价为 106 元，远高于 101.80 元。

从可转债的基本信息可以看到，可转债的利率较低，如果可转债仅作为债券来投资，投资收益较低。所以可转债的债券收益很多时候仅作为熊市行情下的兜底收益，避免本金遭受损失。

5.3.3　可转债二级市场追高逐利

一只新的可转债上市之后就可以在二级市场上交易了，其操作方法与股票交易类似，投资者可以在二级市场通过低买高卖的投资方法来获取差价收益。

虽然可转债二级市场交易方法与股票类似，但在具体的投资规则上却与股票存在较大的不同，投资需要在仔细了解可转债二级市场的交易规则之后再入市，这样更稳妥。表 5–5 所示为可转债交易规则。

表 5–5　可转债交易规则

项　目	内　容
T+0 交易制度	可转债实行 T+0 交易制度，也就是说，投资者可以在当天进行买进、卖出操作，且不限制交易次数
交易单位	可转债的交易单位为手，1 手 =10 张，可转债发行面额通常固定为 100 元，所以在不考虑手续费用的情况，申购可转债最低为 1 000 元
手续费	投资者买进卖出可转债时需缴纳一定的佣金和手续费，不同的券商和证券交易所手续费收费标准不同。虽然可转债实行 T+0 制度，投资者可以当天多次买进卖出，但是这样手续费较高，也会增加投资成本
涨跌幅限制	在二级市场中股票有涨停板制度限制股票的涨跌幅，但可转债没有涨跌幅限制，这既增大了投资者的获利空间，也增加了投资风险
临时停牌	虽然可转债没有涨跌幅限制，但是却存在临时停牌规定。当盘中成交价较前收盘价首次上涨或下跌达到或超过 20%，临时停牌时间为 30 分钟；当盘中成交价较前收盘价首次上涨或下跌达到或超过 30%，临时停牌至 14:57

在了解了基本的入市规则后，投资者就可以入市投资了。可转债二级市场逐利的关键在于判断底部低位适时建仓，研判顶部高位及时离场，通过价差获益。

此时，我们通过成交量来做初步判断。成交量是市场供需情况最直接的反应，当供不应求时，市场人潮汹涌，成交量放大；反之，如果供过于求，市场冷清，无人问津，成交量萎缩。所以，我们可以利用成交量的变化判断当前的市场行情。

成交量判断底部信号可以从以下 5 点入手：

①连续的地量（指成交量极低）出现在转债长期下跌后的低位区域，说明随着转债价的下跌，市场中的抛压逐步减小，由此造成成交量的不断缩量。但成交量缩量达到一个极限时，就会形成地量，底部出现，投资者可趁机买进。

②在转债下跌后的低位出现成交量逐步放量，说明场内行情已经发生变化，后期上涨的概率较大，投资者一旦发现这种成交量变化应该立即跟进买进。

③底部巨量大阳线指转债下跌后的低位区域出现了巨量大阳线，表示多方突然爆发，转债价有触底回升的迹象，此时投资者可以适量抄底。

④转债价经历了大幅下跌行情之后，在低位底部区域成交量出现温和放量，这是转债价格即将进入上升趋势的信号。这个阶段的温和放量形态，大部分都会演变成反转行情，有些甚至会走出一波大幅度的上涨行情。

⑤转债经历了大幅下跌行情之后，投资者要特别留意转债价底部附近的低洼区出现的放量拉升形态，标志下跌趋势的终结，底部确立，多空转换已经形成，后市会有一波上涨行情。

成交量判断顶部信号可以从以下 6 点入手：

①在行情大幅上扬之后，成交量放出天量，后市要么就是继续大升，要么就是连续下跌。如果行情涨幅已经达到一定程度，那么下跌的可能性较大，转债价格极有可能触顶，后市看跌。

②行情大幅上扬后，成交量却与转债价格出现高位背离的现象，即转债价格上涨，成交量表现萎缩，则说明形成顶部的可能性较大，后市可能下跌。

③行情大幅上涨后，高位出现回落，在回落后再次放量冲高却在前期高点位置受阻，说明后续上涨无力，顶部形成，后市即将转入下跌。

④经过较长时间的趋势性上涨，转债价格形成了较大幅度的上涨，当量能的巅峰出现后，成交量缩小，转债价格也回落。虽然回落的途中出现反弹，但是反弹时成交量相比顶峰时远远不及。这属于比较常见的缩量见顶下跌。

⑤转债经过大幅上涨后运行到高位区域，出现震荡整理走势，随后放量下跌跌破高位平台，标志即将结束上涨行情。

⑥转债在经过大幅上涨运行到高位后收出巨量长阴形态，说明即将见顶，行情反转的概率高，投资者无论怎样看好后市，都应该果断卖出。

下面以一个具体的例子来进行说明。

理财实例

伊力转债（110055）二级市场买进卖出分析

图 5-3 所示为伊力转债 2019 年 4 月至 2020 年 6 月的 K 线走势。

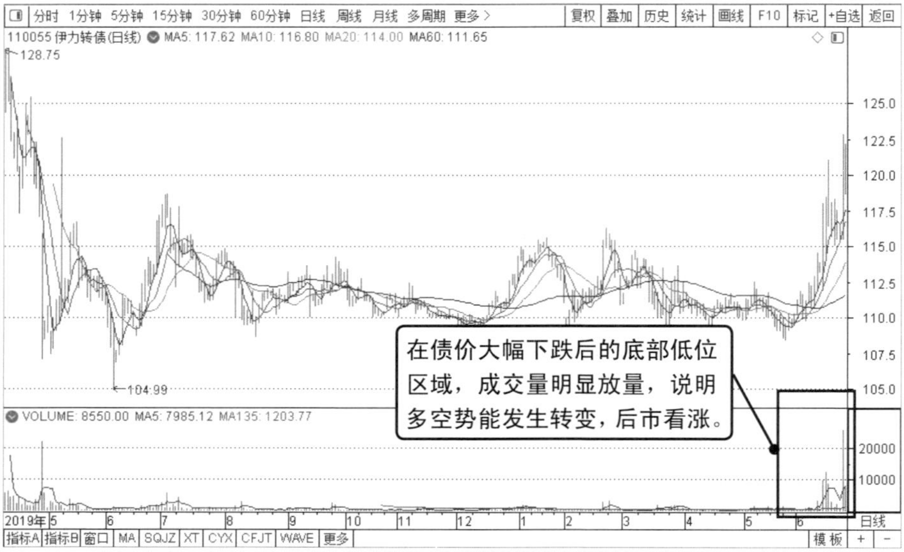

图 5-3　伊力转债 2019 年 4 月至 2020 年 6 月的 K 线走势

从图中可以看到，伊力转债从 128.75 元的高位区域向下滑落，跌至 110 元价位线附近时止跌，随后债价在 110 元至 115 元区间窄幅波动横行，下方成交量表现出极度缩量。说明市场反应冷清，多空处于平衡状态中。

2020 年 6 月中旬，成交量突然明显放量。在债价大幅下跌后的低位区域成交量出现明显放量，说明场内有资金大量流入，多空势能发生转变，多头占据优势，后期继续上涨可能性较大，投资者可以在此位置积极买进。

图 5-4 所示为伊力转债 2020 年 5 月至 2021 年 1 月的 K 线走势。

从下图可以看到，6 月中旬的成交量放量后，债价结束横盘转入上升趋势中，均线系统呈多头排列。债价上涨至 140 元价位线后止涨，横盘波动整理一段时间后，继续之前的上涨走势，成交量放量，将债价拉升至 180 元上方止涨，此时涨幅达到 66%，债价有见顶的可能。

我们仔细观察债价走势发现，12 月下旬债价上冲，创下 211.58 元的新高，并收出一根带长上影线的阴线后止涨回落，跌至 160 元价位线后止跌，再次上冲，但与此同时成交量却表现缩量。说明此番上涨并没有成交量作为支撑，动能不足，后市债价转势下跌的可能性较大，投资者应在此位置落袋为安，及时出逃。

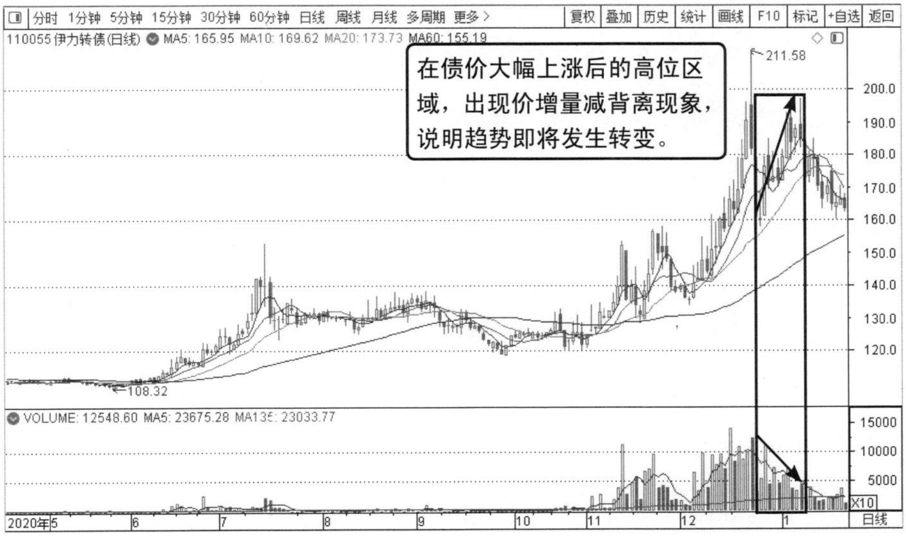

图 5-4　伊力转债 2020 年 5 月至 2021 年 1 月的 K 线走势

图 5-5 所示为伊力转债 2020 年 12 月至 2021 年 4 月的 K 线走势。

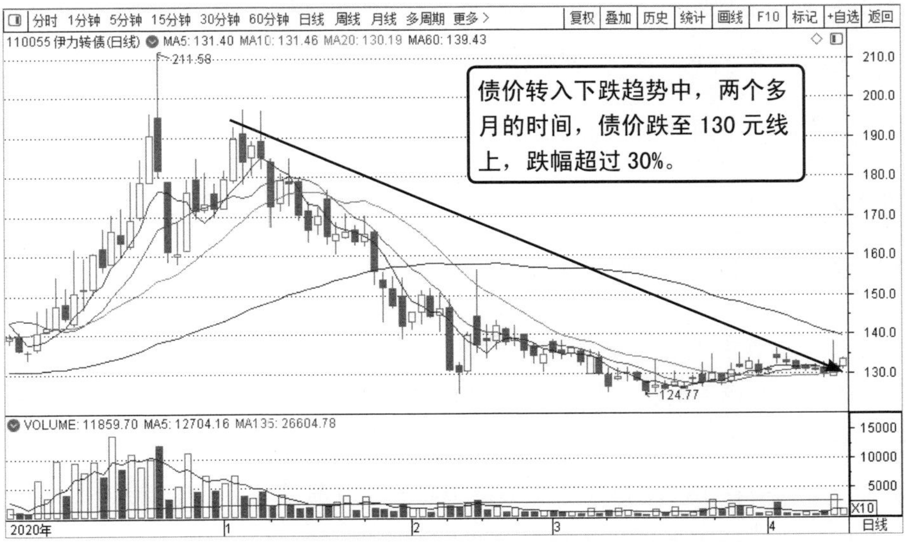

图 5-5　伊力转债 2020 年 12 月至 2021 年 4 月的 K 线走势

从上图中可以看到，债价在190元位置触顶，随后转入下跌的走势中，两个多月的时间，债价跌至130元线上，跌幅超过30%。如果投资者没有在190元位置及时离场，将遭受重大经济损失。

上述介绍的是借助成交量判断债价底部和顶部信号的例子，但在实际的投资中可以借助多类技术指标来综合判断，例如K线形态、均线和MACD指标等，这样准确率更高。

5.3.4 可转债转股享受股市收益

根据前面的介绍我们知道，可转债最大的特点在于“转股”，即将可转债转入股票市场，就能享受股票涨幅收益。

转股非常简单，投资者只要瞄准转股时机转股即可，转股之后的可转债就和普通股票一样，通过股价涨幅来获益。但是有别于普通股的是，普通股票投资者买股时，成本随着股价上涨而上涨，随着股价下跌而下跌；但可转债的转股价是固定的，在发行之初就已经确定了，不会因为股价波动变化而改变，除非触发下修政策时调整转股价。

下面以一个具体的例子来进行介绍。

理财实例

长信转债（123022）转股投资分析

图5-6所示为长信转债2019年9月至2020年6月的K线走势。

从下图可以看到，经过一段时间的横盘之后，2019年12月上旬长信转债开始向上拉升，均线呈现多头排列，成交量明显放量，债价转入上涨趋势中。王女士在180元位置追涨买进100张该可转债。

但是这一轮上涨并没有持续多久，债价上涨到220元价位线附近后止涨，K线连续收出多根大阴线，债价急跌，成交量表现缩量。王女士对行情判断错误，错过了最好的卖出机会，眼看着该可转债继续横盘运行，她将目光投向了股票市场长信科技（300088）。

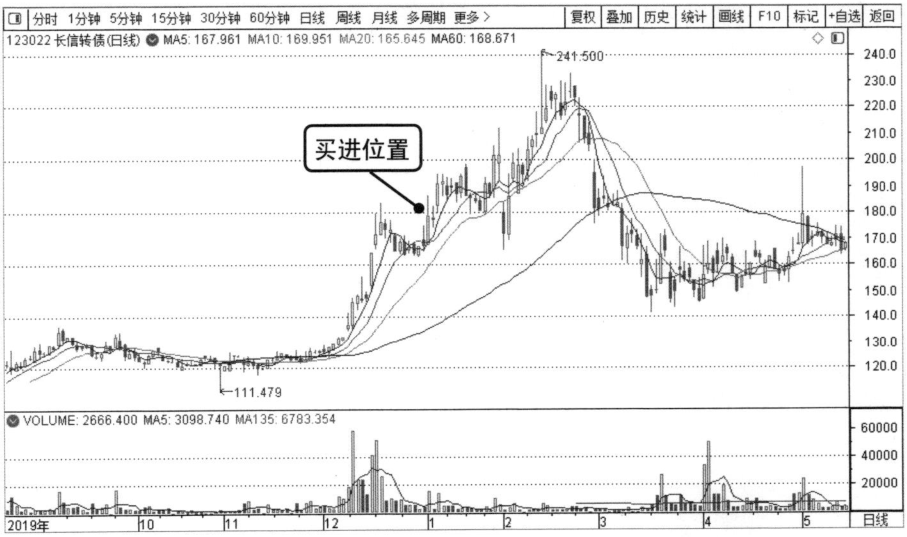

图 5-6　长信转债 2019 年 9 月至 2020 年 6 月的 K 线走势

图 5-7 所示为长信科技 2019 年 11 月至 2020 年 6 月的 K 线走势。

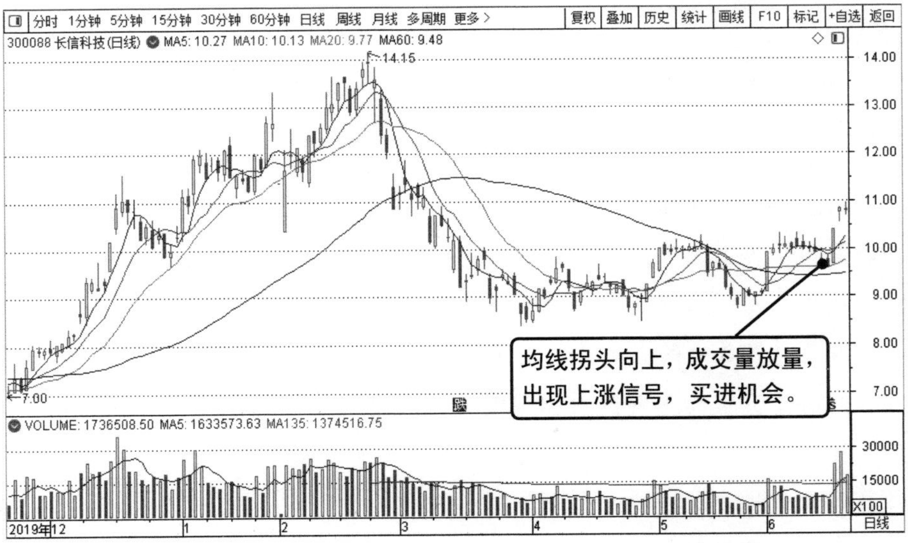

图 5-7　长信科技 2019 年 11 月至 2020 年 6 月的 K 线走势

从上图可以看到，股价虽然在 14.15 元位置止涨下跌，但跌至 9 元价位线便止跌横盘，均线系统出现拐头迹象，且下方成交量出现放量，说明该股可能开启新的一波上涨行情。于是王女士在 10 元位置转股，因为长信转债的转股价为 6.15 元，王女士的转股数计算如下：

转股数量 =100×100÷6.15=1 626（股）

转股后该股很快转入上涨走势中，图 5-8 所示为长信科技 2020 年 2 月至 7 月的 K 线走势。

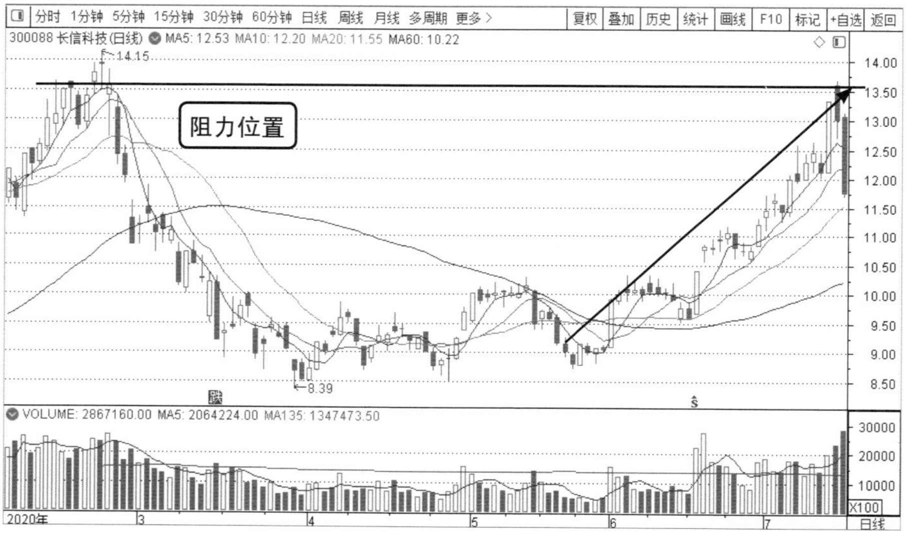

图 5-8　长信科技 2020 年 2 月至 7 月的 K 线走势

从上图可以看到，长信科技在 6 月初转入上升走势中，股价在 1 个月的时间内快速上涨至 13.50 元附近止涨，K 线收出阴线。仔细观察可以发现，此时股价止涨位置与前期高点基本相同，说明此位置上方压力过大，如果下方没有持续放大的成交量做支撑，则难以突破阻力位而继续上涨。

此时下方成交量并没有出现明显的放量，且出现带量大阴线，说明股价上涨受阻，后市转跌可能性较大。所以，王女士在 13 元位置及时卖出，计算王女士此轮投资的收益。

卖出股票获得金额 =13×16 26=21 138（元）

投资买入成本 =180×100=18 000（元）

投资收益 =21 138−18 000=3 138（元）

5.4　封闭式基金投资

之前介绍的基金都是开放式基金，与之相对应的还有一类封闭式基金。虽然在资金流动性方面，封闭式基金不如开放式基金，但是封闭式基金能够在二级市场上交易，会出现折价或溢价交易的现象，能够为投资者提供更多收益的可能。

5.4.1　认识封闭式基金

封闭式基金是指基金发行总额和发行期在设立时已确定，在发行完毕后的规定期限内发行总额固定不变的证券投资基金。封闭式基金的投资者在基金存续期间内不能向发行机构赎回基金份额，基金份额的变现必须通过证券交易场所上市交易。基金单位的流通采取在证券交易所上市的办法，投资者日后买卖基金单位，都必须通过证券经纪商在二级市场上进行竞价交易。

也就是说，开放式基金与封闭式基金形成了基金的两种交易方式。开放式基金的规模不是固定不变的，它可以根据市场实际的供求情况发行新的份额。开放式基金不上市交易，投资者只能通过基金公司或其他的代销机构进行申购或赎回操作，进行投资。

而封闭式基金的规模则是固定的，在封闭的时期内不会再发放新的份额来吸引新的资金流入。直到封闭期结束，基金迎来新一轮开放，才会发放新的份额，前期的投资者也可以赎回。所以与开放式基金相比，封闭式基金的资金流动性较差。但是二级市场可以解决这一问题。

换句话说，与开放式基金不同的是，封闭式基金允许在二级市场中交易，可以解决资金流动性差的问题。

5.4.2 封闭式基金折价率形成的套利

因为封闭式基金能够在二级市场上交易，所以封闭式基金除了基本基金具有的基金净值之外，还有一个市场价格，当市场价格低于基金净值时，就形成了折价。而折价率是衡量封闭式基金折价情况的指标，具体计算公式如下：

折（溢）价率 =（市场价格 − 基金净值）÷ 基金净值 ×100%

通过公式可以得出，结果大于 0，基金净值小于市场价格为溢价；结果小于 0，基金净值大于市场价格为折价。

封闭式基金的折价率是判断封闭式基金投资价值高低的重要指标，当折价率越高时，说明封闭式基金转开放后的升值空间也越大，投资价值也就越高，所以，投资者在选择封闭式基金时要选择折价率高的基金。

理财实例

封闭式基金的折价率计算

某只封闭式基金的市场价格为 1.80 元，此时该基金的净值为 2 元。因为基金净值大于市场价格，所以该基金发生了折价。

折价率计算如下：

折价率 =（1.80−2）÷2×100%=−10%

也就是说，该基金的市场价格与实际基金净值相比，发生了 10% 的折价，如果投资者以 1.80 元的市场价格买进，并持有到期，那么每一份额的该基金便可获得 0.20 元，投资者通过折价率实现了获利。

但是，如果该封闭式基金的市场价格为 1.80 元，而该基金的净值为 1.60

元，因为基金净值小于市场价格，所以该基金发生了溢价。

溢价率计算如下：

溢价率 =（1.80−1.60）÷1.60×100%=12.5%

也就是说，该基金的市场价格与实际基金净值相比，发生了 12.5% 的溢价，如果投资者以 1.80 元的市场价格买进，并持有到期，那么每一份额的该基金便要损失 0.20 元，投资者会出现亏损。

由此可以看到，封闭式基金的折价率对封闭式基金投资具有重要影响，但在实际投资中，投资者不必自行计算折价率，可以直接在基金金融网站上进行查看。下面以和讯基金网为例查看封闭式基金的折价率。

理财实例

和讯基金网查看封闭式基金折价率

进入和讯基金网（http://funds.hexun.com/），在页面中单击“基金净值”按钮，如图 5-9 所示。

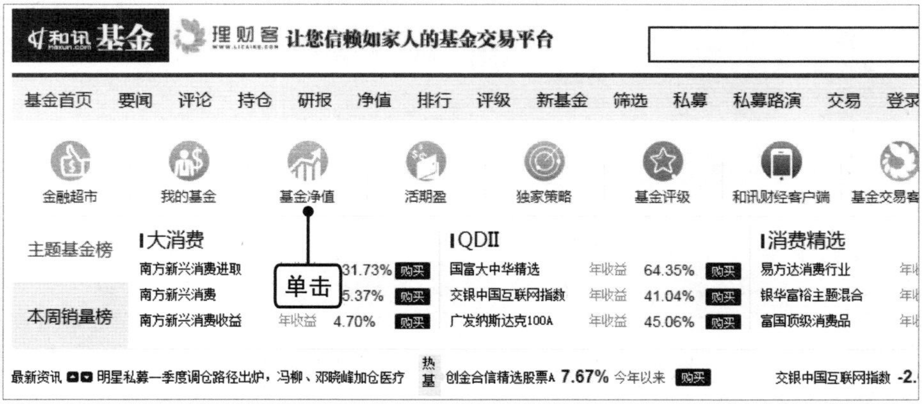

图 5-9　单击“基金净值”按钮

进入基金净值页面后，选择“封基数据”选项，即可进入封闭式基金页面，查看所有封闭式基金信息，如图 5-10 所示。

图 5-10　选择“封基数据”选项

在封闭式基金页面内，单击页面左侧的“封闭式基金折价率”超链接，如图 5-11 所示。

图 5-11　单击“封闭式基金折价率”超链接

页面跳转至封闭式基金折价率页面，选择查询时间，单击“查询”按钮，此时投资者可以在“溢折价率 %”栏中查看基金的折价情况，当数值为正时说明基金处于溢价中；如果数值为负，说明基金处于折价中，如图 5-12 所示。

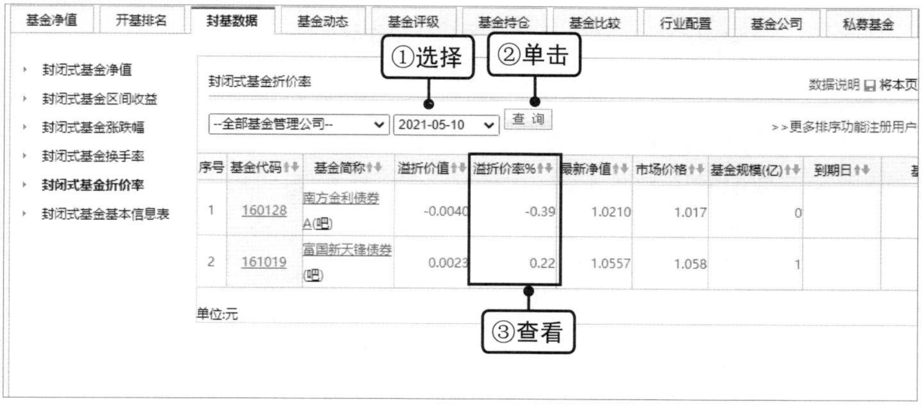

图 5-12　查看基金折（溢）价率

5.4.3　封闭式基金的分红收益

基金分红指将基金收益的一部分以现金方式派发给基金投资者，通常一只基金经常进行大比例分红，说明该基金的运作良好，资金充裕，且具有长期增值能力。

我们知道开放式基金的分红方式分为两种：一种是现金分红；另一种是基金份额红利。但是，在封闭式基金中通常只能选择现金分红，因为封闭式基金的规模是固定的，所以基金份额不会增加，也不会减少。

根据《证券投资基金管理公司管理办法》的规定，封闭式基金的收益分配，每年不得少于一次，封闭式基金年度收益分配比例不得低于基金年度已实现收益的 90%。封闭式基金当年收益应先弥补上一年的亏损，如当年发生亏损则不进行收益分配。

例如，投资者持有某封闭式基金份额 10 万份，每基金单位分红 0.20 元，那么，该投资者可以获得现金分红为：0.20×100 000=20 000（元）。

这样是不是就可以直接得出分红越多的基金就越好的结论呢？

首先，我们需要明确的是分红的钱并不是无缘无故多出来的，基金的现金分红会导致基金份额的净值下降。也就是说，如果一只基金在分红之前的份额净值为 1.20 元，每份额基金分配 0.20 元，那么在分配基金份额之后基金份额净值会下降至 1 元。但是对投资者来说，分红前后的价值是不变的。

所以，在封闭式基金中，现金分红之后会引起基金折价率的变化，使得基金折价率增高，也就是说，市场价格低于基金净值。在市场看好封闭式基金的情况下，折价率会向一个合理的水平回归，这时候就为投资者提供了赚取差价的机会，分红越高，折价率也就越高。这里需要注意的是，基金可能出现折价现象，但是分配到投资者手中的现金不会折价。

例如，某一只封闭式基金的净值为 1.20 元，市场价格为 1.10 元，此时的折价率为：（1.20−1.10）÷1.20×100% ≈ 8.33%。现在基金将高于净值 1 元的部分全部以现金的形式分配给投资者，此时投资者每份额的基金可以得到 0.20 元。

经过现金分红之后，基金的净值变为 1 元，基金的市场价格也因为分红变为 0.90 元，所以折价率为：（1−0.90）÷1×100%=10%，折价率变高了。

同一只封闭式基金在回归净值的路上，折价率高的显然要比折价率低的获利空间更大。因此，从这一角度来看，封闭式基金现金分红比例越大的，投资价值也更大。

5.4.4 封闭式基金的交易规则

封闭式基金与开放式基金存在较大的差异，尤其是在交易规则方面，投资者在进行投资操作之前，需要掌握封闭式基金的相关交易规则才能更好地投入交易中。

封闭式基金的交易规则主要包括以下内容：

（1）开立基金交易账户

买卖封闭式基金与买卖股票一样，首先需要到证券交易中心开立账户，其中包括沪深证券账户或沪深基金账户，以及资金账户。如果投资者已经开立了沪深证券账户，就不必再开立基金账户了，原来的股票账户可以用于买卖封闭式基金。如果投资者开立基金账户，则可以用于买卖基金，但不能用来买卖股票。

（2）交易品种

所有封闭式基金上市交易都需要满足以下条件：

①封闭式基金上市交易必须要经过国务院证券监督管理机构的核准。

②基金的合同期限必须在 5 年以上。

③基金的募集金额不得低于 2 亿元人民币。

④基金份额持有人不得少于 1 000 人。

⑤基金的募集必须符合《中华人民共和国证券投资基金法》的规定。

（3）交易原则

封闭式基金遵循“价格优先、时间优先”的交易原则，具体内容：

价格优先指较高价格买进申报优先于较低价格买进申报，较低价格卖出申报优先于较高价格卖出申报。

时间优先指买卖方向、价格相同的，先申报者优先于后申报者。先后顺序按交易主机接受申报的时间确定。

（4）交易时间

封闭式基金的交易时间是每周一至周五的 9:30 ～ 11:30 及 13:00 ～ 15:00。封闭式基金的报价单位为每份基金价格。最小变动单位为 0.001 元，申报数量应为 100 份或其整数倍，单笔最大数量应低于 100 万份。10% 涨跌幅限制，实行 T+1 日交割、交收。

（5）交易费用

根据收费标准，基金交易佣金不得高于成交金额的 0.3%（深交所特别规定该佣金水平不得低于代收的证券交易监管费和证券交易经手费，上交所无此规定），起点 5 元，由证券公司向投资者收取，不收取印花税。

5.4.5 精准掌握封闭式基金的交易技巧

封闭式基金投资虽然以长线持有为主，但是在交易过程中仍然存在一些交易技巧，通过这些交易技巧能够使投资更容易获利。

（1）关注小盘基金

投资者在选择封闭式基金时应该注意选择小盘封闭式基金，这是一种收益相对稳定，同时风险较小的投资。如果基金的流通市值非常小，而且持有人非常分散，则极有可能出现部分主力为了争夺提议表决权，进行大肆收购，导致基金价格急速上升，从而为投资者带来短线快速盈利的机会。

（2）关注折价率

关注折价率毋庸置疑，在前面的内容中我们介绍了折价率中隐藏着的“套利”机会，如果封闭式基金的折价率越大，那么封闭式基金开放之后，基金价格向其价值回归时，回归的空间也相应较大，投资者的获利空间也较大。所以投资者应该选择折价率大的封闭式基金。

（3）关注重仓股

投资者应该关注封闭式基金的重仓股市场的表现情况，因为封闭式基金转开放以后，基金的价格将向其价值回归，那么基金未来的上涨空间则与基金重仓股的市场表现情况紧密联系。如果未来市场行情继续向好，基金重仓股涨势良好，会带动基金的净值继续增长，这样一来，将使得基金更具有投资价值。

（4）成交量

成交量是对场内基金流动情况的反映，而封闭式基金会因为折价率高导致交投不活跃，成交量不大，所以大进大出某只基金有时会遇到流动性不够的问题，即想买买不到，想卖又卖不出。因此，投资者在选择时需要重点关注成交情况，日成交额低于 800 万元的最好不考虑。

5.4.6　封闭式基金封闭期结束后的处理

我们都知道封闭式基金有封闭期，在封闭期内基金不能申购和赎回，那么封闭基金到期后应该怎么处理呢？此时主要有三种处理方法，具体如下：

清算处理。封闭式基金到期后，基金投资者可以直接进行清算，基金清盘之后会自动赎回。也就是说，基金公司按照基金净值计算投资者的收益或损失，将资金退还给投资者。

延期处理。投资者将基金进行延期，延长基金合同期限，继续开始新一轮的投资，投资者拥有的基金总份额保持不变。

封转开处理。封闭式基金投资者可以在封闭式基金到期之后，该封闭式基金转为开放式基金，投资者可按照基金净值进行基金的申购或赎回。

其中，尤其需要注意的是封转开，它指的是封闭式基金到期之后和开放式基金一样，可以直接按照基金净值进行申购和赎回。大多数的基金公司都不愿意封闭式基金在封闭期结束后就清算，所以大部分的封闭式基金都将做封转开处理。

封转开的出现消除了封闭式基金到期的不确定性，也避免基金持有者因基金到期清算而遭受损失。但是因为封闭式基金的市场价格和基金净值存在差额，所以封转开存在一定的“套利”空间，这给投资者带来了机会。

第6章

久盼的年终大奖 细致规划

每到年终，很多工薪族都会领到一笔丰厚的年终奖，这一笔资金也属于工资之外的收入，一般不会用于正常的生活开销，所以很多工薪族都希望能够通过年终奖来实现财富增值。但是，年终奖投资还是要提前做好规划安排，否则很可能会出现亏损本金的情况。

6.1 年终奖的投资特点分析

年终奖是每年年末企业给予员工不封顶的奖励，也是对员工一年来工作的肯定。工薪族在利用年终奖做投资之前，也需要对其特点进行分析，然后根据家庭开销情况做细化的安排，才能让年终奖理财更顺利。

6.1.1 年终奖具有的特点

要想了解年终奖的特点，可以从年终奖的发放制度入手。因为不同的企业有不同的年终奖发放制度，所以无法统一说明，但是我们可以从常见的年终奖分配制度入手，查看年终奖的分配规则。年终奖的常见分配规则如下：

◆ 目标奖金

目标奖金制度指在年初时企业设定一个目标奖金，然后根据部门和个人的贡献情况来具体划分，员工表现越好，绩效越高，可以获得的奖金也就越多，具体计算公式如下：

个人年终奖 = 目标奖金 × 部门 KPI 系数 × 个人绩效系数

◆ 业务奖金法

业务奖金法主要在销售行业中比较盛行，员工年终奖的高低与员工的销售能力和业绩贡献价值直接相关，员工业绩越高，获得的年终奖也就越多。具体计算公式如下：

个人年终奖 = 个人年度业绩 × 提奖系数

◆ 奖金池分配法

奖金池分配法一般用于项目工程类企业，它属于团队协作能力要求比较高的一类，公司会向团队发放奖金，然后由团队负责人分配团队成员的年终奖额度。具体计算公式如下：

团队奖金池 = 团队目标奖金 × 团队 KPI 系数

个人年终奖 = 团队奖金池 × 个人绩效系数

从上述介绍可以看到，年终奖额度是浮动的，与当年员工的工作表现直接相关，员工表现优异，年终奖金额高，表现不佳，则年终奖金额低，甚至还可能出现没有年终奖的情况。但是，员工在正常工作的情况下通常都能领取到丰厚的年终奖。并且，年终奖一年只能领取一次，领取时间一般为年末。

所以，我们在考虑利用年终奖进行投资理财时，可以考虑一些投资门槛相对高一些的大额理财产品。在时间上，年终奖投资的时间范围也更广泛，可以选择一些时间稍长的理财产品，增加收益空间。

6.1.2 年终奖的合理分配

用年终奖做投资时不能匆忙入市，首先需要了解自己的风险承受能力，然后对年终奖进行简单的规划分配，再开始选择理财产品做投资。

工薪族利用年终奖做投资，其风险承受能力与年终奖的多少直接相关，年终奖高，承受的风险相对较高，年终奖低，承受的风险也相对较低，具体来看可以划分为以下三类：

①年终奖不足 5 000 元。这类工薪族的年终奖较低，风险承受能力较差，且对资金流动性的要求较高，所以可以选择一些流动性强、安全性高的理财产品，例如货币基金、债券型基金等。

②年终奖 5 000 ~ 10 000 元。这类工薪族的年终奖比较适中，也是大部分工薪族的年终奖水平范围。在这个区间的工薪族具有一定的风险承受能力，可以选择一些中长期的投资。

③年终奖 10 000 ~ 30 000 元及以上，这类工薪族的年终奖和风险承受能力都比较高，可以选择一些激进的理财方式，例如股票投资。

有了投资方向之后，还要简单规划年终奖，不能匆忙将年终奖全部投入理财中。因为年终距离过年较近，春节期间不管是人情往来，还是亲友聚会、孝敬父母和孩子红包都需要开销，所以需要提前规划好资金。具体如表 6-1 所示。

表 6-1　年终奖的规划

项　　目	说　　明
预留刚性花销	首先要从年终奖中预留一部分必要的刚性花销，包括明年的保险、车险和孩子的学费等。因为学费和保费需要过一段时间才会交纳，所以根据时间长短做一个短期定期理财，提高资金利用率，但是要注意查看产品的风险情况，风险过高的产品不适合
准备过年的钱	人们尤其重视春节，所以春节期间的花销较大，包括置办年货、走亲访友等，需要提前预备好。因为这类花销比较灵活，对资金的流动性要求较高，所以可以购买货币基金或进行银行活期储蓄
余下的资金	除了刚性支出和过年支出之外，余下的资金就是可以用来投资理财的资金，可以根据余下资金的多少来进行具体的安排

6.2　风险厌恶者的投资门路

面对大额的年终奖，很多风险厌恶型的投资者仍然会考虑一些比较保守的投资方法，在寻求本金保障的情况下，再追逐收益。市面上也有一些比较适合年终奖的保守型投资产品，下面一起来看看。

6.2.1 银行通知存款安全放心

说起银行存款，日常中我们接触比较多的是活期存款和定期存款，除了这两种存款外，还有一种通知存款也比较适合工薪族做个人大额储蓄。

通知存款指支取时需要事先通知银行的一种存款方式。通知存款无须约定存款期限，可一次性存入、多次支取。也就是说，个人通知存款无论储户实际存期多长，不限制储蓄时间，但是取款时需要提前通知。

按照储户提前通知的期限长短划分可以分为一天通知存款和七天通知存款两个品种。一天通知存款必须提前一天通知约定支取存款，七天通知存款则必须提前七天通知约定支取存款。现行通知存款利率为：一天通知存款年利率为 0.55%，七天通知存款年利率为 1.1%。

由此可以看出，通知存款同时兼具了活期存款与定期存款的性质，但是利率又高于活期储蓄。

通知存款的起存金额为 50 000 元，所以适合年终奖较高，但又厌恶风险，偏向存款，喜欢收取利息的工薪族。因为通知存款属于银行存款产品，受《存款保险条例》的保护，所以 50 万元以内的本金和利息是安全的。

例如，杨先生选择 7 天通知存款，4 月 2 日存入 50 000 元，在 4 月 30 日取出，那么杨先生的利息计算如下：

存款天数 =29 天

利息 = 本金 × 日利率 × 天数 =50 000 ×（1.1% ÷ 360）× 29=44.31（元）

但是需要注意的是，个人通知存款在出现下列情况时，则按支取日挂牌公告的活期存款利率结算。

①实际存期不足通知期限的，按活期存款利率计息。

②未提前通知而支取的，支取部分按活期存款利率计息。

③已办理通知手续而提前支取或逾期支取的，支取部分按活期存款利率计息。

④支取金额不足或超过约定金额的，不足或超过部分按支取日活期存款利率计息。

⑤支取金额不足最低支取金额的，按活期存款利率计息。

此外，通知存款如已办理通知手续而不支取，或在通知期限内取消通知的，通知期限内不计息。

总的来看，通知存款是保守型工薪族大额资金的一个好去处，既能保证资金的流动性，也能获得不错的存款利息。

6.2.2 银行定期理财投资

银行除了储蓄之外，还有定期理财产品，也适合工薪族做理财投资。但是在买进之前我们要明确，银行定期理财产品与银行储蓄虽然都是银行理财，但是它们却是完全不同的，具体如表 6–2 所示。

表 6–2 银行定期理财与存款的比较

项　目	说　明
风险程度	银行存款受到国家存款保险制度的保障，在 50 万元范围内本息完全赔付，但是理财产品却不受存款保险制度的保障，风险由投资者自己承担
灵活程度	银行存款执行“存款自愿，取款自由”的原则，储户可以随时自行提取存款，但如果是定期存款提前支取，会损失部分利息。定期理财必须要等到产品到期才能支取，中途不能提前支取
收益程度	银行存款受到保障，风险较低，利率也较低，投资收益不高。理财产品风险相对较高，收益也更高

续表

项　目	说　明
银行责任	存款对银行而言是负债，银行需要承担全部风险，且必须无条件兑付。银行理财则是委托投资，银行不承担风险，由投资者自行承担
起息日	银行存款都是从存入当天开始起息，但是理财产品通常会设置募集期、起息日，投资者需要先在募集期买进，然后在起息日开始计息，而募集期间是没有利息的

现在大部分的银行都推出了银行定期理财产品，工薪族可以自行在银行官网上购买，非常便捷。下面以中国工商银行（下简称工商银行）为例进行介绍。

理财实例

通过工商银行购买定期理财

打开并登录工商银行官网（http://www.icbc.com.cn/），在首页中单击“投资理财”选项卡，在展开的菜单列表中选择“理财 / 理财产品”选项，如图 6-1 所示。

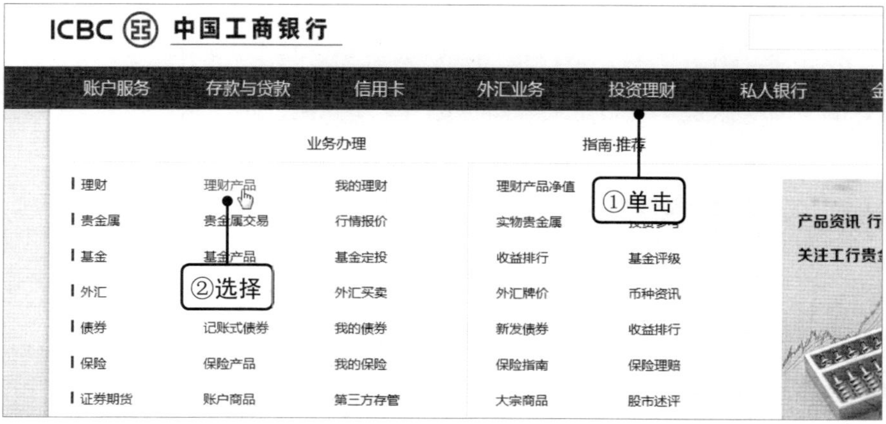

图 6-1　选择“理财产品”选项

进入理财产品列表，在页面中选择适合的理财产品，单击“购买”按钮，如图 6-2 所示。

图 6-2 选择理财产品

从图中可以看到，固定收益类型的定期理财产品有“固定收益类”标识，且下方有明确的期限天数限制。然后根据页面提示，查看产品信息，确认无误后输入密码完成支付即可。

若李女士在募集期买进“工银理财·鑫鼎利固定收益类封闭式理财产品”20 000 元，持有时间 209 天，以业绩基准计算李女士的理财收益如下：

20 000 × 209 ÷ 360 × 3.05%=354.14（元）

根据案例计算来看，银行定期理财收益明显高于定期存款，所以对于闲置的年终奖来说，银行定期理财也是一个不错的投资渠道。

6.2.3 券商类理财产品

券商理财实际上就是证券公司为客户做的理财，也被称为集合资产管理业务，指的是由证券公司发行的、集合客户的资产，由专业的投资者（券商）进行管理的一种理财产品。

券商的模式与基金有点儿类似，都是投资人自己不做投资，而是将自己的资金交给专业的管理人进行投资管理，然后交付管理费。

券商接受委托之后，会将投资者的资金投资于股票、债券等金融产品中，追求更高的收益。但因为由更专业的管理人进行投资管理，所以相比个人直接投资股票来说，风险更低。

券商理财产品中根据投资者个人的风险承受能力的不同，也推出了高、中、低风险收益的产品，投资者可以根据自己的风险承受能力进行选择。

券商理财产品主要分为两类：一类是以集合资产管理计划为代表的资产管理计划类产品；另一类是以质押式报价回购业务为代表的其他产品。

资产管理计划又可以分为以下三类：

①集合资产管理计划，是指集合客户的资金，由券商、基金子公司等专业投资者进行管理。简单地说，就是把客户的钱给券商公司，他们拿着这笔钱去做投资，获取约定的收益。

②专项资产管理计划，是指由某个单位或机构独立出资后交由投资管理公司或证券公司资产管理部来单独管理，获取收益的方案。该项目个人无法参与，这里不多做介绍。

③定向资产管理计划，是指证券公司为单一客户办理的一种业务，即证券公司与单一客户签订定向资产管理合同，通过该客户的账户为客户提供资产管理服务的一种业务。其中具体的投资方向应在资产管理合同中约定，必须在单一客户的专用证券账户中运作。

市面上的券商理财产品和机构有很多，因为券商理财属于中长期投资，时间期限较长，通常在两年及以上，且后续的操作主要依赖于管理人，所以我们需要对券商及其产品进行筛选。

（1）选择实力强的券商机构

在券商理财中，券商机构发挥了重要作用，将直接影响投资者的收益情况，所以我们在做券商理财时最重要的是要选择一个综合实力强的券商机构。可以从以下几个方面来进行判断：

- 选择公司总资产和净资产高的券商机构，该信息可以在中国证券协会网上进行查看。
- 查看券商机构的产品销售渠道，如果能够在一些比较知名的、正规的大平台上进行销售，说明其自身也具有较强的实力。
- 查看券商机构的股东情况，如果股东实力强劲，那么机构自然实力强，也更安全。

（2）查看产品的风险

任何理财产品都会说明该产品的风险等级，券商理财产品也不例外，我们在投资时需要明确该产品的风险等级情况，选择与自己风险承受能力相匹配的产品。

（3）看产品投资对象

在我们购买产品之前，要认真看产品说明，尤其是产品的投资对象。如限定性集合资产管理计划，主要是投资国债、企业债券，业绩优良、流动性强的股票等权益类证券及股票型证券投资基金的资产等，这些都是风险不是特别大的资产。

如果投资对象属于高风险的产品，且在我们风险承受能力之外，就要及时放弃。

最后，券商理财产品购买也非常方便，可以在券商机构官网直接购买，也可以在微信、支付宝和京东金融等第三方平台进行购买。

图 6-3 所示为腾讯理财通和支付宝理财中的券商产品。

图 6-3　券商理财产品

6.3　稳健投资者优先考虑的炒股获益法

风险承受力相对较高的投资者更倾向于股票市场投资，可以有更多的获利空间。但是，股票投资讲究技巧和经验，而不是投机，投资者自身需要学习掌握丰富的股票知识，才能让自己的股票投资更稳健。

6.3.1　认识主流的炒股软件

在互联网时代，炒股已经变成一件非常便捷的事情，投资者不必亲身前往证券交易所，只要具有证券账户，即可通过网络在炒股软件上实现股票交易。所以，投资者在炒股之前有必要认识一下市场中的炒股软件。

不同的券商提供的炒股软件可能存在差异，投资者可以根据自己的操作习惯自行选择，下面介绍几种比较主流的炒股软件。

◆ 大智慧

大智慧是国内最大的股票软件之一，用户基数庞大，它能够为投资者提供各类动态行情、功能丰富、覆盖面广，并且和专业机构、企业合作，提供权威资讯和数据。但是大智慧分为免费版和收费版，免费版只能为投资者提供一些基础信息。图 6–4 所示为大智慧官网首页（http://www.gw.com.cn/），用户可以根据自己的需要下载手机版和电脑版。

图 6–4　大智慧官网

◆ 同花顺

同花顺是一款功能非常强大的免费网上股票证券交易分析软件，也是投资者炒股必不可少的工具之一，它的功能和信息比较全面，包括实时数据、基本面资料、资金面分析和模式化交易等。图 6–5 所示为同花顺首页（http://www.10jqka.com.cn/）。

图 6–5　同花顺首页

◆ 东方财富网

东方财富网是一个传统的财经资讯网，随后再逐渐涉及证券、基金和软件等方面，转型成为国内一站式互联网服务平台，为投资者提供各种各样的投资理财服务。

在东方财富网中具有较高人气的投资者互动社区——股吧，投资者可以实时获悉政策动向、重大传闻和自选股情报等信息，帮助自身及时捕捉投资信息。图 6-6 所示为东方财富网首页（https://www.eastmoney.com/）。

图 6-6　东方财富网

◆ 通达信

通达信炒股软件是一款定位于提供多功能服务的证券信息平台，是由深圳财富趋势科技股份有限公司设计的一款移动证券软件。界面清爽、操作简单，行情信息捕捉准确，受到广大投资者的喜欢。

通达信通常只为机构用户和券商提供服务，例如金长江证券，虽然用户使用的行情交易软件是由券商提供，但软件核心仍然是通达信软件相关部分。投资者也可以不借助券商，自行在通达信官网下载中心下载标准版通达信软件，查看行情数据，但不能交易。图 6-7 所示为通达信官网首页（https://www.tdx.com.cn/）。

图 6-7　通达信官网

除了上述介绍的炒股软件之外，市面上还有很多便捷的、易操作的炒股软件，例如钱龙、新浪财经和国泰君安等，投资者可以多方面了解，选择一个真正适合的、易操作的炒股软件。

6.3.2　认识股票 K 线和 K 线形态

在股市交易中，K 线的相关理论是重要的基础知识，K 线有阴阳之分，阳线表示多头占据优势，行情上涨；阴线则表示空头占据优势，行情下跌。图 6-8 所示为 K 线示意图。

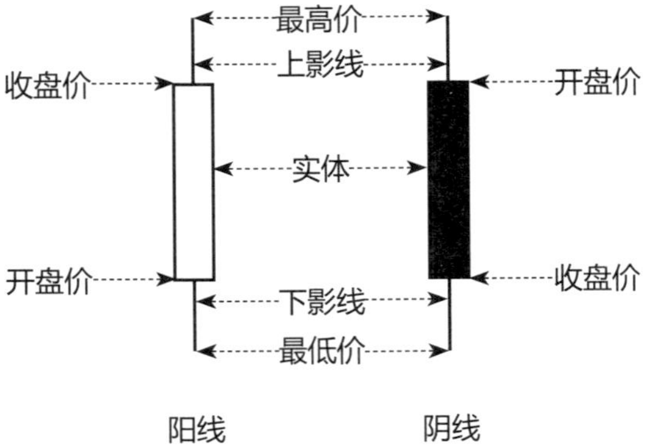

图 6-8　K 线

根据示意图可以看到，单根 K 线由上影线、实体与下影线组成，且从 K 线上可以查看当天的开盘价、收盘价、最高价与最低价。在阳线中，如果最高价与收盘价相同，最低价与开盘价相同时，就没有上下影线。在阴线中，如果最高价与开盘价相同，最低价与收盘价相同，也没有上下影线。

根据每日的股价走势变化，单根 K 线又演变成多种形态，具体如表 6–3 所示。

表 6–3　单根 K 线的多种形态

K 线名称	图　　形	意　　义
全秃大阳线	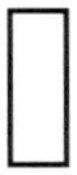	开盘价与最低价相同，收盘价与最高价相同，没有上下影线，表示市场内多方是绝对主力，涨势强烈
大阳下影线	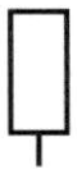	收盘价与最高价相同，小段下影线，多空交战，先跌后涨，下影线越长，表示下档多头力量越大
大阳上影线	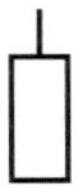	开盘价与最低价相同，小段上影线，多空交战，多头占据优势，但涨后遭遇压力，后市可能出现下跌，上影线越长，表示上档空头压力越大，空心部分的长短代表多空力量的强弱
小阳线	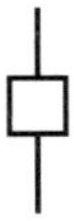	上下影线长度基本相同，表示多空双方争夺激烈，多方稍微占据优势，但上攻乏力
上影阳线		上影阳线的上影线很长，至少是空心的两倍，表示多方仍然处于优势，但已处于末期，是强烈的反转形态
下影阳线		下影线很长，至少是空心的两倍，表示多方仍然处于优势，同时多方买盘不断加入，推高股价。此形态如果出现在近期股价底部，是强烈的反转信号

续表

K 线名称	图　　形	意　　义
全秃大阴线		开盘价与最高价相同，收盘价与最低价相同，没有上下影线，表示市场内空方是绝对的主力，股价持续走跌
大阴下影线		开盘价与最高价相同，小段下影线，股价试图创下低点，但下方买方买盘压力沉重，股价回升。这样的形态表示空方占据优势，但是下方价位买盘很大，有反转的意味，应该引起警惕
大阴上影线		收盘价与最低价相同，有小段上影线，股价稍作上扬即被拉回，表示空方力量占据优势，上档卖盘强劲。其中，上影线的长度越长，表示空方的力量就越大
小阴线		上下影线长度基本相同，表示多空双方争夺激烈，但空方仍然占据一定的优势，同时多方的力量不可小觑
上影阴线		上影线很长，至少是阴线实体长度的 2~3 倍，此形态表示空方处于优势，并且有空方买盘不断加入，拉低股价。如果出现在股价顶部，则为强烈的反转信号，应该引起注意
下影阴线		下影线很长，至少是阴线实体长度的 2~3 倍，此形态表示空方仍然处于优势，但已经处于强弩之末，是比较强烈的反转形态。如果出现在股价的底部，则反转的意义更强烈
十字线	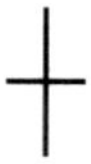	开盘价与收盘价相同，多空双方势均力敌，如果此形态出现在顶部或底部，是强烈的反转形态；如果出现在长期盘整时期，是强烈的突破信号
长下影线十字线	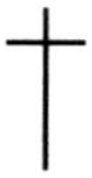	开盘价与收盘价相同，多方力量占据优势，应该密切关注后期 K 线形态发展

续表

K 线名称	图　　形	意　　义
长上影线十字线	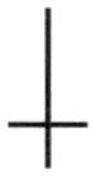	开盘价与收盘价相同，空方力量占据优势，应该密切关注后期 K 线形态发展
T 字线		开盘价与收盘价相同，收盘价下方多方买盘积极，此价位多方有很强的支撑。如果底部出现此形态为强烈的反转信号
倒 T 字线		开盘价与收盘价相同，收盘价上方空方卖盘积极，此价位空方有很强的支撑。如果顶部出现此形态为强烈的反转信号
一字线		开盘价、收盘价、最高价与最低价都相同，此形态极少出现，一旦出现就是大幅上涨或大幅下跌的预兆

在行情分析中，投资者可以借助单根 K 线来对股价走势进行简单的判断分析，从而做出买进卖出操作。

理财实例

南风化工（000737）单根十字星线买进分析

图 6–9 所示为南风化工 2019 年 4 月至 2020 年 7 月的 K 线走势。

从下图可以看到，南风化工处于下跌趋势中，股价从 5.17 元的相对高位处向下滑落，跌至 2.50 元价位线附近时止跌，此时跌幅超过 50%，随后股价在 2.50 元至 3 元区间窄幅横盘运行。

仔细观察股价横盘运行时的 K 线走势发现，6 月上旬，K 线收出多根十字星线，股价在下跌一定幅度后的低位出现十字星线，说明空方力量此时逐渐衰退，多方力量聚集，双方力量达到平衡，股价有筑底迹象，后市极有可能发生反转。

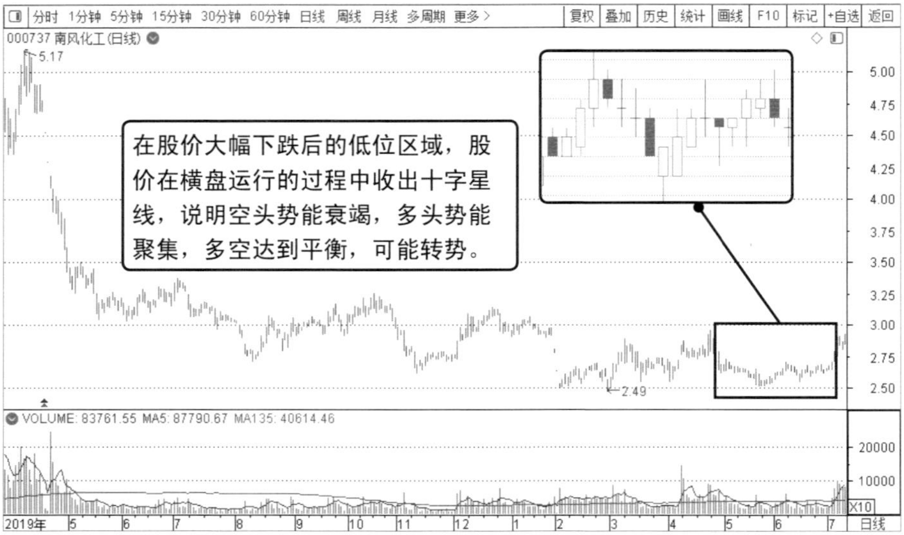

图 6-9　南风化工 2019 年 4 月至 2020 年 7 月的 K 线走势

我们看到十字星线出现后，7 月初成交量放量，股价小幅上涨，说明多方占据优势，该股趋势发生转变，后市即将迎来一波上涨，投资者可以在此位置积极建仓。

图 6-10 所示为南风化工 2020 年 5 月至 12 月的 K 线走势。

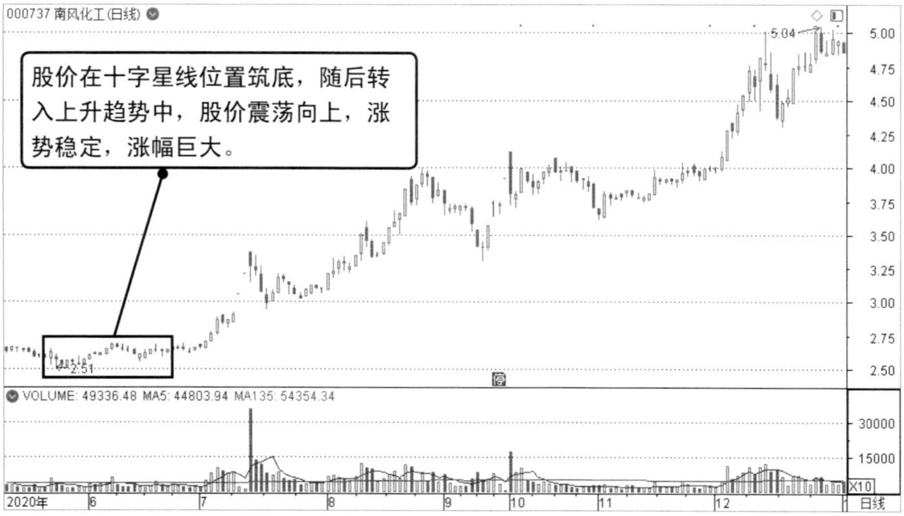

图 6-10　南风化工 2020 年 5 月至 12 月的 K 线走势

从上图可以看到，7 月初股价放量拉升后，南风化工转入上升趋势中，股价震荡向上，涨势稳定，涨幅巨大。如果投资者前期可以敏锐地发现十字星线发出的转势信息，必然能够抓住这一波行情。

虽然单根 K 线能够给出买进卖出信号，但是单根 K 线作假的可能性较大，信号较弱，容易导致误判，所以在实际投资中我们还会借助一些 K 线组合形态来帮助判断。表 6-4 所示为常见的一些 K 线组合。

表 6-4　K 线组合

K 线组合	形　　态	意　　义
早晨之星	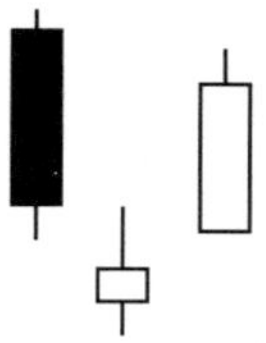	早晨之星由三根 K 线组成。第一根 K 线为长久的下跌趋势中出现的一根实体修长的阴线；第二根是一个小阳线或者小阴线；第三根是一根大阳线，并且第三日的收盘价必须大于第一个形态表示的收盘价，股价下跌时，为见底回升信号
曙光初现	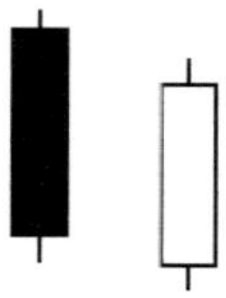	在下跌行情中，由两根 K 线组成的见底回升信号，第一根K线为下跌趋势中出现的中阴线或大阴线，第二根K线为低开见底后反弹的中阳线或大阳线，阳线收盘价高于第一根阴线实体的 1/2
底部穿头破脚	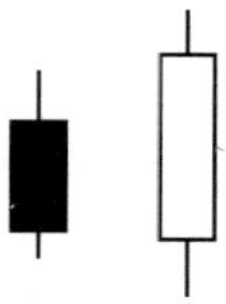	下跌行情中由两根 K 线组成的见底回升信号，第一根 K 线为下跌趋势中出现的阴线，第二根 K 线为阳线，其实体部分要将第一根 K 线的实体全部包含
旭日东升	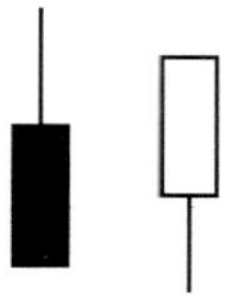	由两根K线组成，第一根K线为大阴线或中阴线，第二根为高开高走的大阳线或中阳线，且第二根 K 线的收盘价高于第一根 K 线的开盘价，是见底回升信号
好友反攻	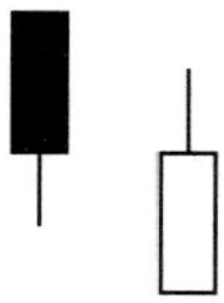	好友反攻是由一根阴线和一根阳线两根K线组成，第一根为大阴线或中阴线，接着跳空低开，拉出一根大阳线或中阳线，并且与前一根阴线的收盘价相同或相近，预示见底回升

续表

K 线组合	形　态	意　义
黄昏之星	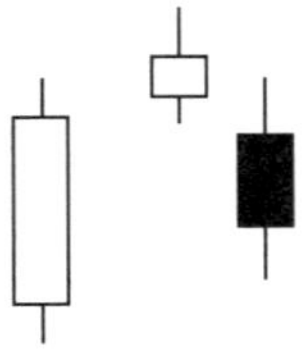	黄昏之星由三根 K 线组合而成，它表示股价回落，是卖出信号。第一根 K 线是处在上升趋势中的大阳线或中阳线，第二根 K 线是跳空高开、实体短小的小阳线或小阴线，第三根 K 线为阴线，它的开盘价低于第二根 K 线的开盘价
乌云盖顶	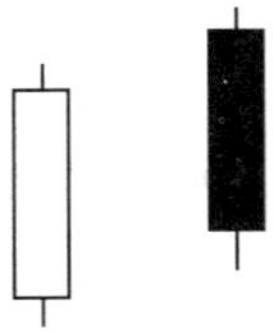	乌云盖顶由两根一阴一阳的 K 线组成，阴线在阳线收盘价之上开盘，在阳线实体内收盘，形成乌云盖顶之势，显示行情走弱，阳线实体被阴线覆盖得越多，表明买气越弱，空方攻击力度越大
双飞乌鸦	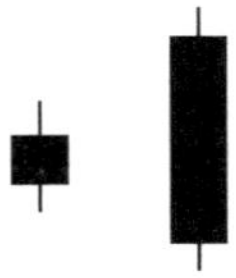	上升行情中出现的见顶回落信号，由两根 K 线组成，第一根 K 线跳空高开后却仍以阴线报收，而第二根阴线也是跳空高开，且实体部分较长，但与第一根阴线类似穿头破脚的图形
三只乌鸦	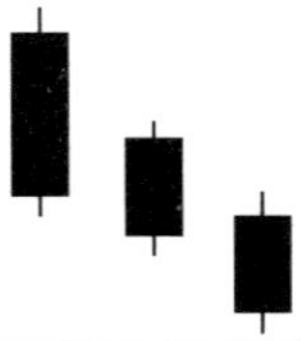	三只乌鸦是股价上升行情中的见顶回落信号，由三根大阴线或中阴线组成，股价惯性上冲，在高档连续两次高开低走形成伪阴线组合，接着再拉一根下降阴线
顶部穿头破脚	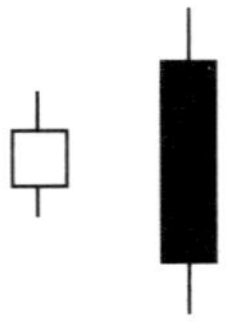	顶部穿头破脚是上升行情中的见顶回落信号，由两根 K 线组成，第一根为上升趋势中出现的阳线，第二根为阴线，其实体的长度将第一根阴线的实体全部包含，第二根阴线的实体越长，说明股价下降的动力越大

理财实例

招商积余（001914）顶部穿头破脚卖出分析

图 6-11 所示为招商积余 2019 年 8 月至 2020 年 7 月的 K 线走势。

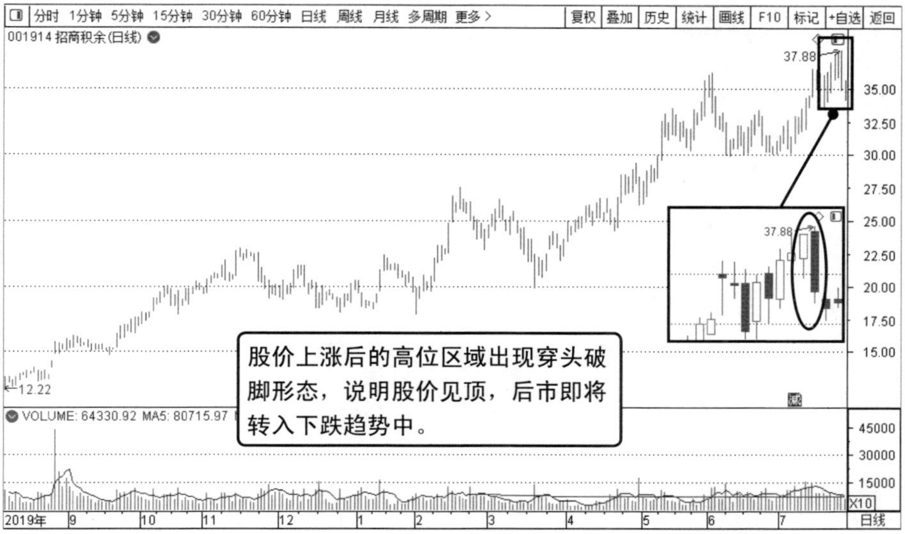

图 6-11　招商积余 2019 年 8 月至 2020 年 7 月的 K 线走势

从上图可以看到，招商积余处于上升趋势中，股价从 12.22 元的低位区域开始向上攀升。2020 年 7 月中旬，股价上涨至 35 元价位线附近后涨势渐缓，7 月 23 日 K 线收出一根带下影线的中阳线，继续向上拉升股价，但第二天 K 线高开低走收出一根大阴线，且阴线实体将前一天的阳线实体全部包含，形成穿头破脚形态。

股价上涨后的高位区域，K 线形成穿头破脚形态，是股价即将转势的信号，说明该股这一轮的上涨即将结束，后市可能转入下跌趋势中，投资者应该在此位置尽快离场。

图 6-12 所示为招商积余 2020 年 7 月至 2021 年 2 月的 K 线走势。

从下图可以看到，K 线在顶部形成穿头破脚形态后，股价随即在 38 元位置见顶，然后转入下跌趋势中，跌势沉重，最低跌至 17.91 元，跌幅超过 50%。

由此可见，顶部穿头破脚为可靠的顶部转势信号，如果投资者能够抓住这一组合形态，就能够避免遭受损失。

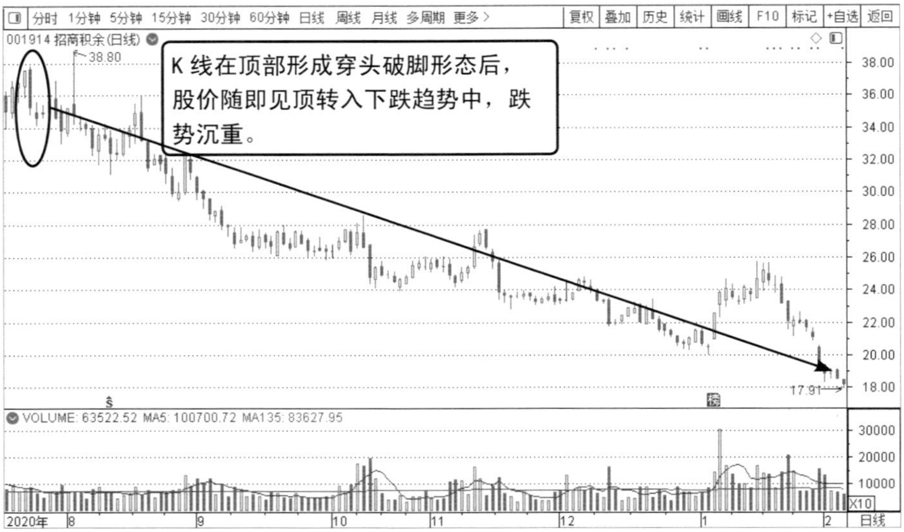

图 6-12 招商积余 2020 年 7 月至 2021 年 2 月的 K 线走势

在实际投资中，K 线还有许多其他的分析方法，例如，长期 K 线形态，这些都需要投资者经过长时间的学习积累，才能在投资中灵活应用，提升自己的投资操盘技巧。

6.3.3 通过炒股软件查询行情讯息

掌握了基本的炒股基础知识后，作为一名股市投资者还必须掌握炒股软件的行情查询方法，以便在瞬息万变的股市中快速捕捉到对自己有益的重要信息。

虽然市面上的炒股软件有很多，但是这些软件的盘面信息和行情查询操作方法大致相同，下面以金长江证券软件为例介绍股市行情信息的获取。

（1）认识软件的基本界面

利用软件分析股票首先要对软件的界面有所了解，用户登录成功之后页面自动跳转至行情报价页面。在默认情况下，该页面由菜单栏、报价区域、工具栏及状态栏组成，如图 6-13 所示。

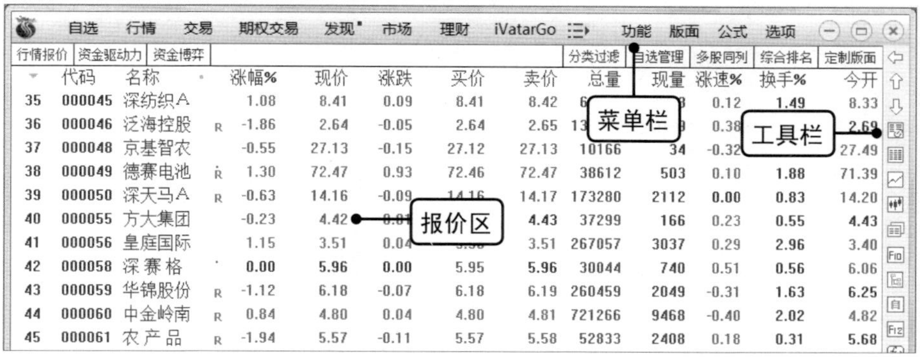

图 6-13　软件基本界面

（2）选择目标个股

在默认情况下，基本界面展示的是沪深 A 股股票信息列表。因为沪深 A 股数量较多，用户难以一一查看并找到目标个股，如果投资者知道目标股的股票代码，可以直接在页面输入代码，再选择对应的股票即可，如图 6-14 所示，在页面输入“000540”，下方显示个股信息，单击该股即可选择目标个股。

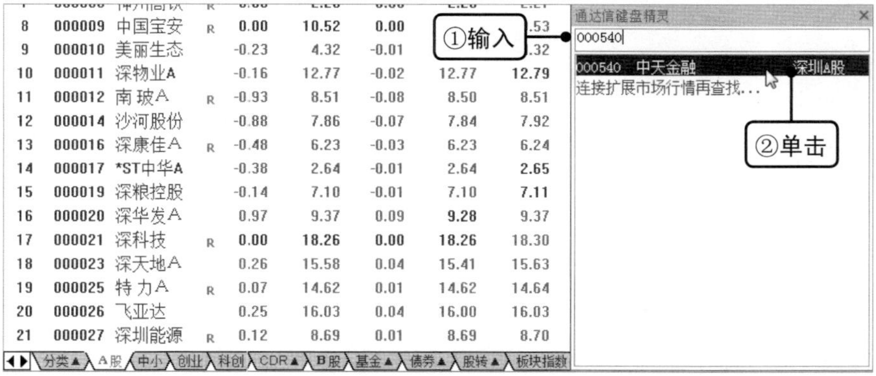

图 6-14　选择目标个股

如果投资者没有准确的目标个股，可以选择自己比较熟悉的、有意向的板块股。此时，投资者在页面下方选择“板块”选项卡，在弹出的列表中选择有意向的板块，例如这里选择“行业板块”，在弹出的行业列表中进一步选择具体的行业，这里选择“医疗保健”行业，如图 6-15 所示。

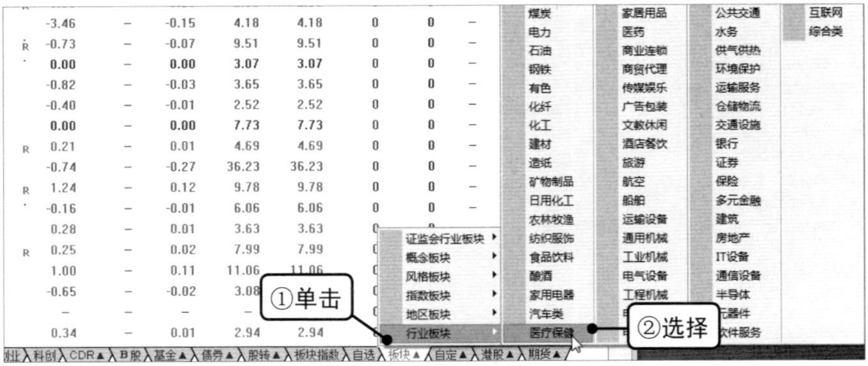

图 6-15　筛选目标行业

（3）查看个股信息

单击目标股之后，进入个股 K 线走势页面，在页面中单击“显隐行情信息按钮”展开该股当前的买卖盘口信息，如图 6-16 所示。

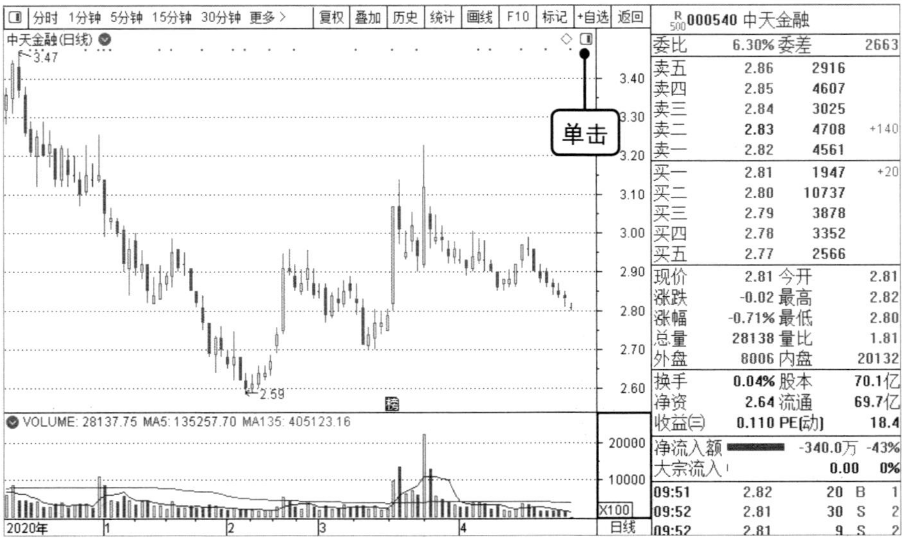

图 6-16　查看买卖盘口信息

从图中可以看到，右侧的买卖盘口中包含各类丰富的信息，具体内容如表 6-5 所示。

表 6-5　买卖盘口信息

名　称	意　义
委比	委比是对一段时间内场内买、卖盘强弱进行衡量的技术指标
委差	委差指买量之和减去卖量之和，反映买卖双方的力量对比情况
卖盘五档	卖盘五档是各卖方挂的卖单，表示想要卖出的价格和数量，但很多是虚高，不一定成交
买盘五档	买盘五档指已经做了买入委托尚未成交的价格和数量，行情软件上会有五档显示，价格由高到低
现价	当前时间的股票价格
今开	今日股票的开盘价格
涨跌	涨跌指个股当前成交价与前一交易日收盘价之差
最高	今日成交价中的最高价
涨幅	今日涨跌与前一交易日收盘价的比
最低	今日成交价中的最低价
总量	总量表示总的成交额
量比	量比是开市后每分钟成交量与过去 5 个交易日每分钟成交量之比，量比大于 1 说明成交量在放大，量比小于 1 说明成交量在萎缩
外盘	以卖出价成交的交易，成交的数量统计加入外盘
内盘	以买入价成交的交易，成交数量统计加入内盘
换手	换手指换手率，成交总手除以该股的总流通盘，换手率越高说明个股成交越活跃
股本	股本指股东在公司中所占的权益
净资	净资指股东权益资本
流通	即流通市值，指在某特定时间内当时可交易的流通股股数乘以当时股价得出的流通股票总价值
收益（三）	收益（三）是指前三个季度的每股收益

续表

名　称	意　义
PE（动）	PE(动)是动态市盈率
净流入额	净流入额是指资金流向市场内的总额减去流向市场外的总额后所得的差额
大宗流入	大宗流入指主力超大数额的一笔买入量的总和

（4）查看分时走势

单独的K线行情页面提供的当日信息有限，很多时候还需要结合分时走势来进一步分析查看，此时只需要双击某一日单根K线，即可转入分时走势图页面，如图6-17所示。

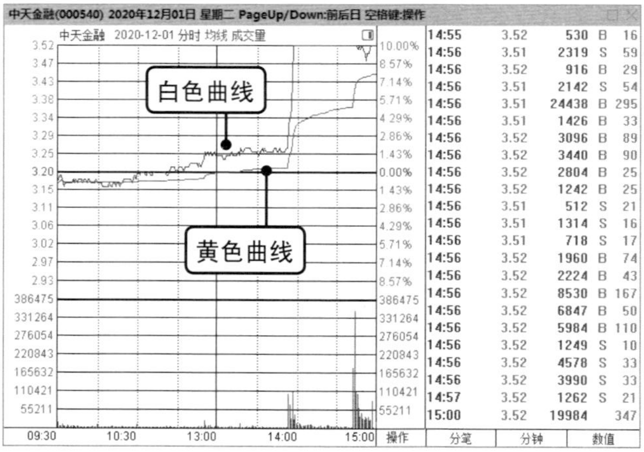

图6-17　分时走势

从上图可以看到，分时图分为两个部分，左侧为行情走势曲线图，右侧为实时交易数据。左侧的走势图由白黄两根曲线和下方黄色柱线组成，各自具体意义如下所示。

- ◆ 白色曲线表示该股票的实时走势曲线。
- ◆ 黄色曲线表示该股票的平均价格曲线。

◆ 黄色柱线表示每分钟的成交量，单位为手（100 股 / 手）。

返回 K 线走势页面，单击“F10”按钮，进入个股公司详情页面，在该页面可以查看公司最新消息、公司概况、财务信息及股本结构等信息，如图 6-18 所示。

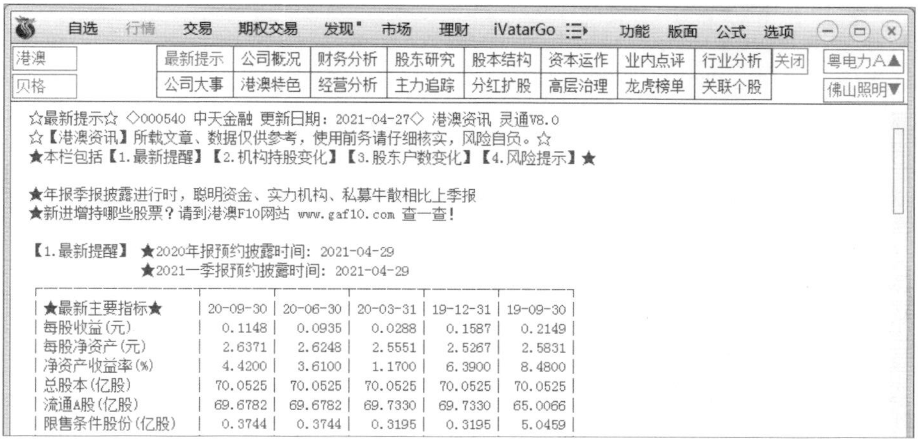

图 6-18　个股信息

至此，个股基础信息查看基本完毕，通过这一系列的操作，投资者能够对目标个股的基本情况、过去业绩及当前表现等有一个清晰的印象和初步的判断。

6.3.4　个股深入分析时的技术操作

除了常规操作之外，我们在对个股做进一步分析时，还会做一些技术操作，帮助我们更直观地查看个股走势的变化，以及及时准确地抓住市场行情，具体来看主要有以下一些操作。

（1）添加技术指标

技术指标是依据一定的统计方法，运用一定的数学计算公式或数量模型，通过计算机系统生成的某种指标值或图形曲线，例如移动均线指标、MACD 指标、KDJ 指标和 BOLL 指标等，这些指标能够发出买卖信号，帮助投资者做出判断。所以我们要知道如何在 K 线中添加技术指标。

有两种添加方法，第一种比较简单，如果股民知道技术指标的英文简称，直接在 K 线走势图页面中输入即可。

例如在中天金融（000540）K 线走势中添加移动均线 MA，直接在页面中输入字母“MA”，然后双击“均线”选项即可，如图 6-19 所示。

图 6-19　输入指标英文简称添加指标

另一种方法则是在 K 线走势页面中进行添加，如果为主图添加技术指标，就在主图上右击，选择“主图指标 / 选择主图指标”选项（如果为副图添加技术指标，就在副图上右击，选择“副图指标 / 选择副图指标”选项），如图 6-20 所示。

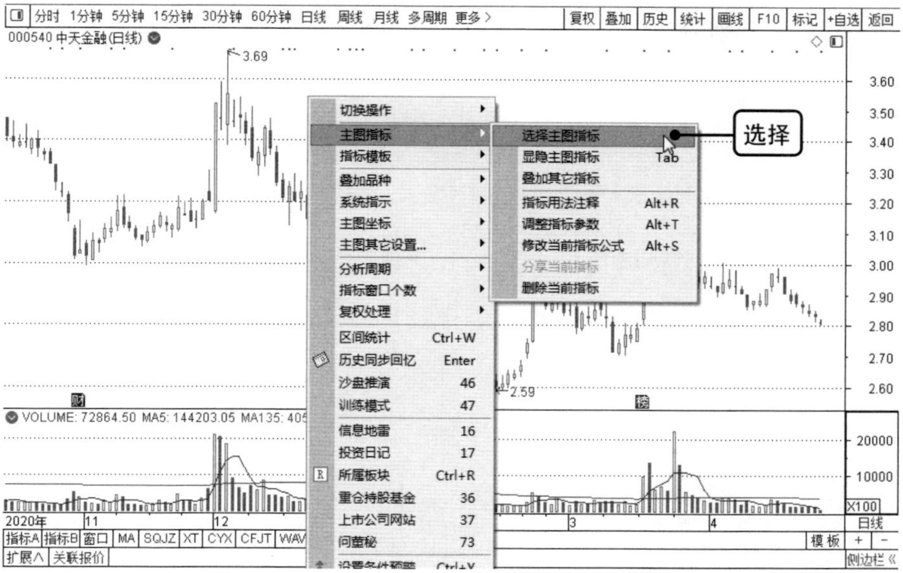

图 6-20　选择“主图指标 / 选择主图指标”选项

在打开的“请选择主图指标”对话框中选择“MA 均线”指标，再单击“确定”按钮，即可完成添加，如图 6-21 所示。

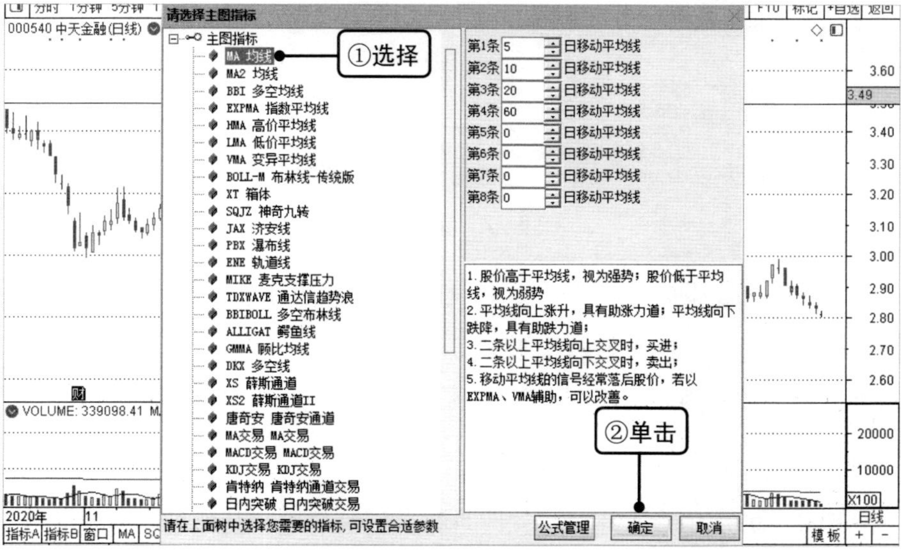

图 6-21　添加指标

（2）同时查看多只股票

在实际投资中，我们可能会将多只股票进行对比分析，此时需要同时查看多只股票。在很多证券软件中都支持将行情页面进行划分，分为多个小窗格，每个窗格展示一只股票的走势。

首先，我们需要将目标个股加入"自选股"板块中，直接选择目标个股然后右击，在展开的菜单列表中选择"加入到自选股"选项即可，如图 6-22 所示。

图 6-22　添加自选股

完成自选股添加后，投资者可以在证券软件的任意界面中按【Ctrl+M】组合键打开多窗口同时查看个股走势。也可以在自选板块中右击，在展开的菜单列表中选择"多股同列"命令，同样可以打开多窗口展示页面，结果如图 6-23 所示。

注意该方法更适合在对自选股进行分析时使用，其他板块中股票数量过多，不适合该分析方法。

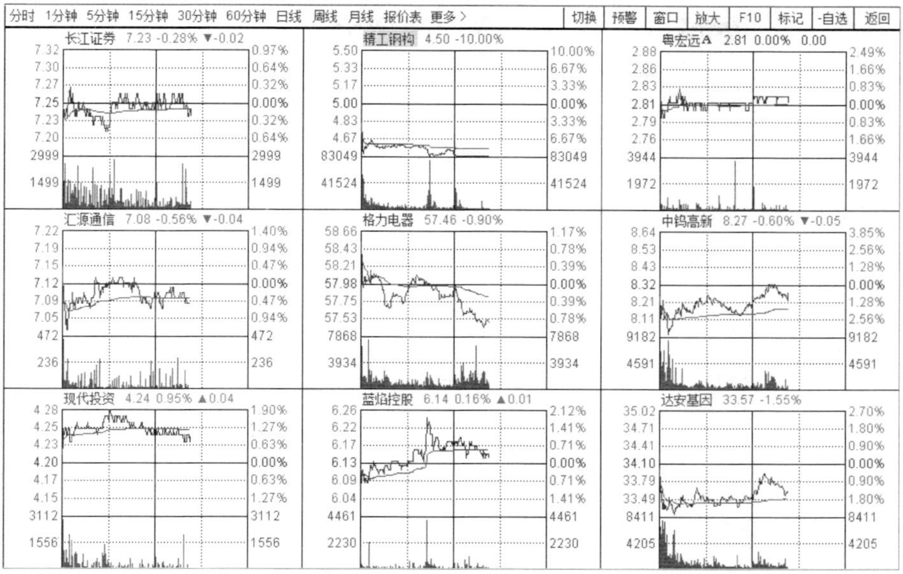

图 6-23　同时查看多只个股

从上图可以看到，虽然可以同时查看多只个股走势，但是窗口较小，查看并不方便，此时可以根据需要调整窗口数量。单击页面上方的“窗口”按钮，展开窗口数量列表，选择适合的窗口数量，这里选择“4 图（2 行 × 2 列）”，如图 6-24 所示。

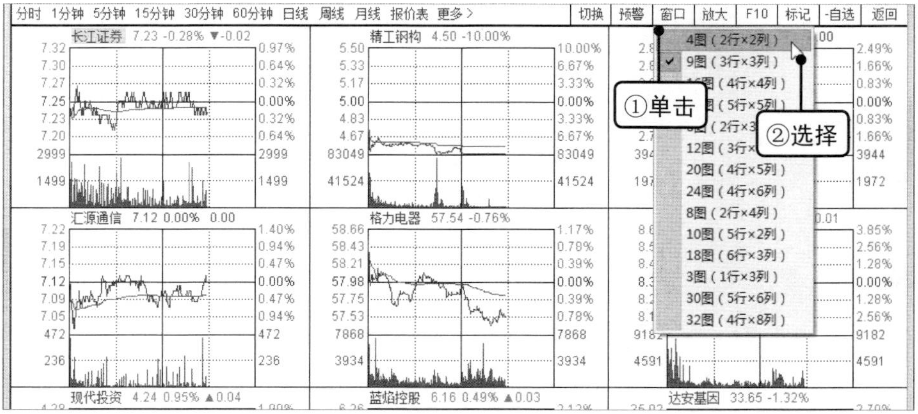

图 6-24　调整窗口数量

6.3.5 走势拐点往往是买卖关键节点

虽然股价处于波动变化中，难以精准捕捉买卖点，但是仔细观察可以发现，股价波动看似毫无规则，实则有着自己的运行趋势。

从股价运行的方向来看，股价趋势分为三种，即下降趋势、水平趋势和上升趋势。如果在股价运行的过程中后面的波峰和波谷比前面的波峰和波谷要高，也就是一底比一底高，这时的趋势就是上升趋势；如果在股价运行的过程中后面的波峰和波谷比前面的波峰和波谷要低，也就是一顶比一顶低，这时的趋势就是下降趋势；如果在股价运行的过程中后面的波峰和波谷与前面的波峰和波谷相比没有明显的高低之分，大致上表现为水平延伸，这时的趋势就是水平趋势。

图 6-25 所示为股价运行的三种趋势。

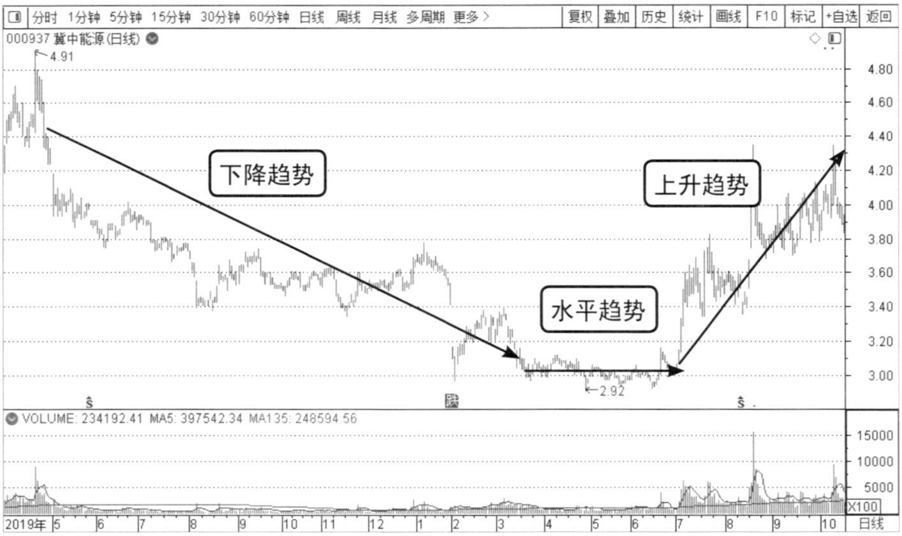

图 6-25 股价运行的三种趋势

从图中可以看到，股市投资买进卖出的关键在于找到股价趋势的拐点，拐点的出现意味着原来趋势的结束及新趋势的开始，也是最佳的买卖点。但在实际的投资操作中我们却很难准确找到拐点，此时我们可以绘制一条趋势线来确认当前的趋势，一旦股价有效突破或跌破趋势线，则说明拐点出现，买卖信号出现。

趋势线绘制非常简单，在上升趋势中连接相邻两个波谷低点的直线为上升趋势线；在下降趋势中连接相邻两个顶点的直线为下降趋势线；水平趋势中的连接点可以是两个相邻的低点，也可以是相邻的高点。但是 3 种趋势都需要第三个点来确认该趋势线的有效性。

绘制完趋势线后会发现，经常会出现趋势线被突破，但趋势并未发生改变，拐点并未出现的情况。这是因为趋势线没有被有效突破，所以我们需要确认趋势线突破的有效性，可以从以下三点来进行分析：

突破的幅度。股价在穿越趋势线后，距离趋势越远，则说明其有效性越强。无论是上升趋势线，还是下跌趋势线，突破的幅度至少要超过 3%，否则为假突破。

突破的时间。股价在穿越趋势线后，停留的时间越长，则说明其有效性越强。通常趋势线被突破后 3 个交易日不回升至该趋势线上方才算有效，且随着时间的推移，距离趋势线也越来越远，股价再次回到趋势线上方的概率也就越来越低。

突破的成交量要求。股价向上突破趋势线时需要有大量的成交量配合，否则即便突破幅度和时间满足，也不能够判断突破的有效性。股价向下突破趋势线时不需要大量的成交量配合，但确认有效后成交量通常会放大，因为确认趋势转变后，场内大部分投资者会离场。

如果趋势线被突破时，满足了上述条件，则说明趋势被有效突破，原趋势失效，新趋势出现，拐点出现。

理财实例

鱼跃医疗（002223）拐点买进分析

图 6-26 所示为鱼跃医疗 2019 年 3 月至 2020 年 1 月的 K 线走势。

图 6-26　鱼跃医疗 2019 年 3 月至 2020 年 1 月的 K 线走势

从图中可以看到，鱼跃医疗处于下跌趋势中，股价从 26.86 元的高位震荡下跌，连接两个相邻的顶点绘制一条下降趋势线，发现股价在下降趋势线的压制下不断下跌。

2021 年 1 月下旬，成交量放出巨量，推动股价向上大幅拉升，一举突破下降趋势线的压制，且突破后股价涨势继续，K 线收出涨停线，涨幅巨大，说明该下降趋势线被有效突破，拐点出现，新趋势启动，此时为投资者的买进机会。

图 6-27 所示为鱼跃医疗 2019 年 11 月至 2020 年 4 月的 K 线走势。

从下图可以看到，下降趋势线被有效突破后，鱼跃医疗转入上升趋势中，股价震荡向上，两个月左右的时间上涨至 40 元上方，涨幅超过 100%。如果投资者在下降趋势线被有效突破时找到趋势拐点，则可以获得不菲收益。

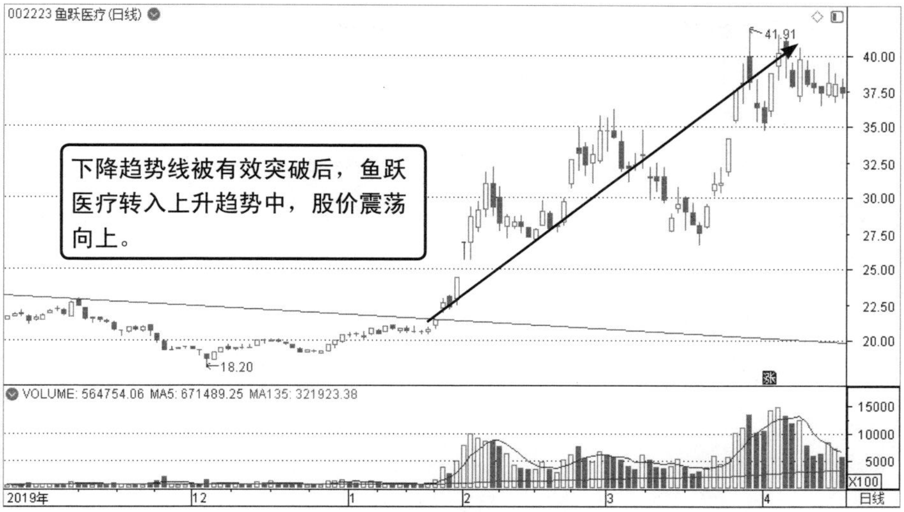

图 6-27　鱼跃医疗 2019 年 11 月至 2020 年 4 月的 K 线走势

理财实例

弘宇股份（002890）拐点卖出分析

图 6-28 所示为弘宇股份 2019 年 11 月至 2020 年 9 月的 K 线走势。

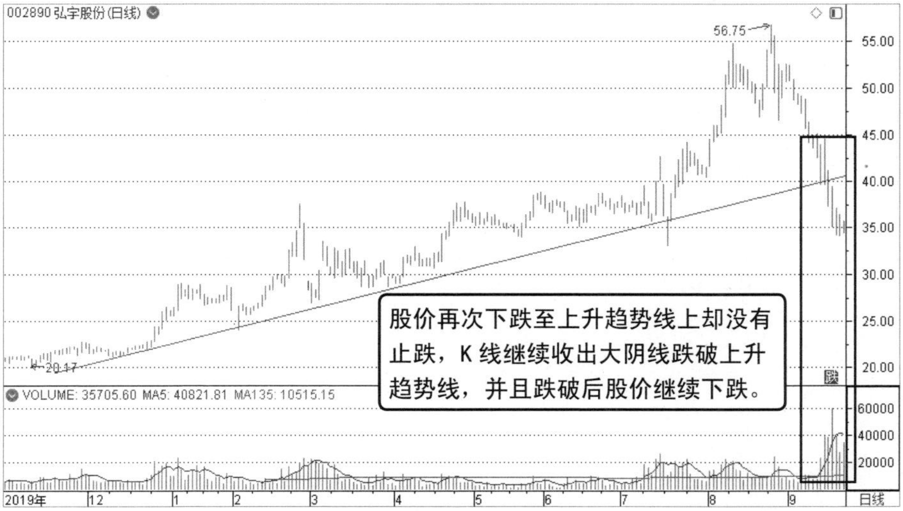

图 6-28　弘宇股份 2019 年 11 月至 2020 年 9 月的 K 线走势

从上图可以看到，弘宇股份处于上升趋势中，股价从20.17元的低位处开始向上攀升，连接相邻两个低点绘制一条上升趋势线，发现股价在上升趋势线的支撑下震荡向上运行，涨势明显。

2020年9月中旬，股价再次下跌至上升趋势线上却没有止跌，K线继续收出大阴线跌破上升趋势线，并且跌破后股价继续下跌，并没有快速回到趋势线上，下方成交量放量。说明场内有主力出逃，该股的趋势已经发生转变，拐点出现，此时投资者应该尽快离场。

图6-29所示为弘宇股份2020年7月至2021年2月的K线走势。

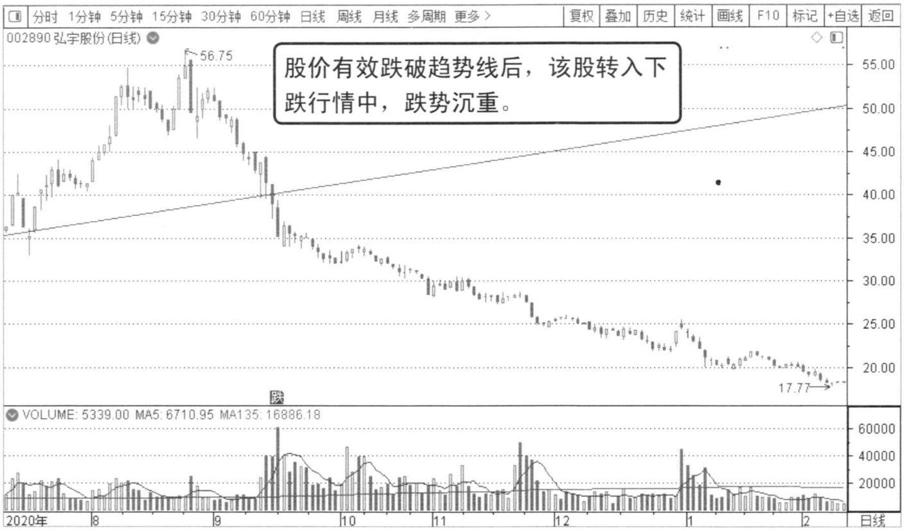

图6-29　弘宇股份2020年7月至2021年2月的K线走势

从上图可以看到，2020年9月中旬，股价有效跌破趋势线后，该股转入下跌行情中，跌势沉重。如果投资者没有及时出逃，将遭受重大的经济损失。

第 7 章

多项目组合投资 分散风险

投资理财中最为核心的一点在于风险控制，而控制风险的最佳办法就是组合投资，即不将鸡蛋放在同一个篮子里，将资金分开来，投资到不同的理财产品中。

7.1 什么是组合投资

组合投资简单来说，就是按照一定的比例将资金分别投入不同的理财产品中，通过各类理财产品的组合配置，既能分散投资风险，也能争取将收益最大化。

7.1.1 “分散+配置”的组合方式

组合投资的关键在于“分散”和“配置”两个词，但需要注意的是，并不是简单地将资金分散就是组合投资了，而需要遵循一定的原则。

（1）资金分散原则

资金分散投资即将资金分别投资在不同的证券上，但这里的分散包括4种类型的分散，具体如下：

◆ 对象分散

对象分散即将投资者的资金广泛分布于各种不同种类的投资对象上，例如，将资金部分投资于股票、部分投资于债券、部分投资于基金。在投资于分散的对象上时，要避免将资金全部集中于同一行业，而应该分散投资于各行各业中，这样即便某一行业遭受重创，也能避免遭受过于惨重的损失。

◆ 时机分散

时机分散指的是资金投入的时间分散，我们知道在证券市场中，价格总是处于不断的波动变化中，上一分钟可能在上涨，下一分钟可能就已经转入下跌了，而投资者个人往往难以准确地把握最好的买进、卖出时间点。

所以出于对风险的考虑，我们应避免投资时机过于集中的情况，而应该用资金分批买进，再分批卖出，这样一来可以有效避免买在高位、卖在低位的情况。

◆ 地域分散

地域分散指投资者在投资时，应注意地域问题，避免单一持有某一地区的证券，而应该购买国内各个地区，甚至是国际金融市场发行的各国的证券。地域分散可以避免因为某一地域政治、经济出现动荡而形成的损失。

◆ 期限分散

期限分散其实我们在前面的银行存款中简单地介绍过，在一些定期理财产品中，因为时间的长短不同，利率也不同，时间越长往往利率会更高。但是，因为不同时期市场利率的变化方向和幅度会不同，从而导致不同期限的证券市场的变动方向和变动幅度也大不相同。实行期限分散化策略，购买不同期限的证券，就可以降低由于利率变动而产生的投资风险，也能提高资金的周转率。

（2）配置原则

配置原则指的是资金比例分配原则，虽然每个人都有自己的投资习惯、收益追求和因此产生的不同配置比例的需求，但是无论如何配置都应该从投资者的投资风格出发。

根据投资者的投资风格，可以将投资者大致分为 4 种类型：激进型投资者、成长型投资者、稳健型投资和保守型投资者，他们各自的投资特点如下。

◆ **激进型投资者：**热衷于在高风险中博取高收益，不怕本金损失，适合股票、股权和外汇等收益较高的理财产品。所以这类投资者的组合投资中，通常高风险的理财产品占比在 85% 及以上。

- **成长型投资者：** 倾向于有风险高收益的理财投资，对风险并不惧怕，适合股票或股票型基金等投资方式。所以这类投资者的组合投资中通常高风险理财产品占比在60%左右，中风险理财产品占比30%左右，低风险产品理财产品占比10%左右。
- **稳健型投资者：** 综合考虑风险和收益，风险承受能力适中，更热衷于稳健的货币基金、债券基金等投资方向。所以这类投资者的组合投资通常是高风险理财产品占比20%左右，中风险理财产品占比60%左右，低风险理财产品占比20%左右。
- **保守型投资者：** 害怕风险，但是又希望在保本的基础上有一定的收益，适合债券、银行中短期理财和银行储蓄等产品。所以这类投资者的组合投资通常是高风险理财产品占比10%左右甚至以下，中风险理财产品占比20%左右，低风险理财产品占比70%左右。

只有在考虑合理分散和理性比例配置之后，搭建的组合才是更适合投资者的投资组合，而非简单地进行资金分散。

7.1.2 了解自身的风险承受能力

根据上述介绍，我们可以知道组合投资的资金比例配置的关键在于投资者的投资风格，所以我们在投资之前首先要确定自己的投资风险偏好情况，准确掌握自己的风险承受能力。

实际上了解自身风险承受能力需要从多个角度来对自己进行综合的判断，这样才能得到更准确的结果。具体来看主要包括以下几种方法。

（1）做风险测评

风险测评是比较常见的一种风险承受能力测试，一般我们在购买理财产品之前，网站都会为新的投资者做一个风险承受能力的测试，以便投资者大致了解自己的风险偏好，再做投资。

投资者花 1 ~ 2 分钟完成几组题目，就能了解自己的风险承受能力情况，一般得分较低的是偏向保守谨慎型投资者，得分偏高的属于积极激进型投资者，中段属于稳健型投资者。每个测评结果称呼不同，但是分类其实大同小异。

图 7-1 所示为某投资网站的风险承受能力测试题。

请仔细阅读下面的十二个题目，选出每个题目中最适合您的选项。

1.您目前所处的年龄阶段：

A、18 ~ 28岁

B、28 ~ 35岁

C、36 ~ 45岁

D、46 ~ 55岁

E、56岁以上

2.到目前为止，您已经有多少年投资经验：

A、10年以上

B、6 ~ 10年

C、3 ~ 5年

D、1 ~ 3年

E、少于1年

3.您预期的投资期限是：

A、10年以上

B、6 ~ 10年

C、3 ~ 5年

D、1 ~ 3年

E、少于1年

4.您的家庭目前全年收入状况如何?

A、50万元以上

B、30万 ~ 50万元

C、15万 ~ 30万元

D、5万 ~ 15万元

E、5万元以下

5.一般情况下，在您的家庭年收入中，可用作投资或储蓄的占比?

A、50%以上

B、35% ~ 50%

C、25% ~ 35%

D、10% ~ 25%

E、0% ~ 10%

6.您投资的主要目的是什么？请在以下答案中选择最符合您的一个描述：

A、关心长期的高回报，能够接受短期的资产价值波动。

B、倾向长期的成长，较少关心短期的回报以及波动。

C、希望投资能获得一定的增值，同时获得波动适度的年回报。

D、只想确保资产的安全性，同时希望能够得到固定的收益。

E、希望利用投资以及投资所获得的收益在短期内用于大额的购买计划。

7.以下哪项描述最符合您对某项投资在未来1年内表现所持的态度?

A、如果发生亏损，我并不在乎

B、我能承受25%以内的亏损

C、我只能承受10%以内的亏损

D、我几乎不能承受任何亏损

E、我需要至少获得高于一年定期存款利率的收益

8.以3年的投资期限来说，如果与股票市场整体的表现相比，您希望您的投资：

A、超越股市整体增长的30%以上

B、超过股市整体增长10% ~ 30%

C、与股市保持同步增长

D、略微滞后股市整体的增长

E、无所谓

9.目前有一个200万元的投资项目，但有50%的可能盈利100万元，同样也有50%的可能损失50万元。您会进行这个投资吗?

A、当然会

B、可能会

C、也许吧

D、可能不

E、无所谓

10.如果您拥有￥500,000用以建立您的投资组合，您认为下面哪个投资组合最具吸引力?

A、低风险投资（如存款、国债、货币市场基金）、一般风险投资（如银行理财产品、债券、债券基金）、较高和高风险投资（股票基金、信托、股票、期货及外汇交易等）的比重分别为：5:15:80

B、低风险投资、一般风险投资、高风险投资的比重分别为：10:30:60

C、低风险投资、一般风险投资、高风险投资的比重分别为：30:40:30

D、低风险投资、一般风险投资、高风险投资的比重分别为：60:30;10

E、低风险投资、一般风险投资、高风险投资的比重分别为：80:15;5

11.根据您以往投资的经验，当有相当部分资金被分配到高风险的股票或风险较高的其他投资项目时，您通常：

A、比较放心，很少关注

B、关注，但不焦虑

C、比较关注，有点焦虑

D、非常关注，比较焦虑

E、极度关注，非常焦虑

12.假设现有以下几个投资品种，您必须并且只能选择其中的一个进行投资，那您会选择哪一个?

A、年化收益率可能在30%以上，同时本金也有可能亏损30%以上

B、年化收益率可能在20%以内，同时本金也有可能亏损20%以内

C、年化收益率可能在10%以内，同时本金也有可能亏损10%以内

D、本金保证，年化收益率在0% ~ 8%之间

E、固定年化收益率为4%的产品

图 7-1　风险承受能力测评

（2）看个人资产

每一个人的收入不同，消费水平也不同，如果一个人当前的资产状况良好且现阶段能用于投资理财的闲置资金较多，收入是稳定的，那么自然投资风险承受能力会稍高一些。

但是，如果工薪族年龄处于中年阶段，具有抚养孩子和赡养老人的压力，这时候要为家庭的生活保障多做考虑，风险承受能力自然要弱一些。总的来看，个人闲置资产多、生活压力小的工薪族风险承受能力强，随着年龄的增长，压力不断增加，投资者们的风险承受能力逐渐下降。

（3）结合过往投资经验

工薪族的个人过往投资经验也是衡量其风险承受能力的关键因素，如果自己只是一个刚刚进入投资市场的新手，自然在面对行情的变化时反应会较慢，且难以准确捕捉到买进卖出的信号。

反之，如果工薪族具有丰富的投资经验，可以通过总结投资收益和效果来判断之前的投资理财操作是否正确，有没有存在因为太怕风险而少投了，或者太追求收益而遭遇到风险的情况。通过总结，投资者对固有的投资理财也会习惯性地进行调整和完善，承受风险的能力自然更强。

最后，投资者要明确只有认识到自己的风险承受能力，才能选择到适合的投资理财产品。如果投资者能选择到正确的项目与其风险承受能力相匹配，就能省去很多不必要的纠纷和资金损失。

7.1.3 组合投资真的有必要吗

对于组合投资，实际上有很多的工薪族并不感兴趣。因为平常的工作任务比较重，组合投资则意味着自己要花费更多的时间和精力来搭建并调整自己的投资组合。

而单一性的投资则不同，不需要花费过多的精力，尤其是对于一些坚持中长期投资的工薪族而言，单一性的投资更不用随时查看，更简单、省力。

但是，组合投资相比单一性的投资而言，有许多比较明显的优势，值得投资者们耐心构建自己的投资组合，具体如下：

首先，组合投资相比单一性的投资能够争取更多的获利机会。虽然集中仓位、集中选择同样可以获得不菲的收益，但是因为时代发展迅速，行业变化不确定性增多，一般的工薪族难以判断哪一个行业会成为未来的主流，又或者哪一家公司能够在未来的发展中成为行业龙头，所以此时我们可以分散投资进行组合，这样就能够获得更多的获利机会。

其次，组合投资相比单一性的投资，资金使用更充分。组合投资将资金分散开来投资到不同类型和不同期限的理财产品中，可以使资金的使用更加充分。

再次，组合投资的回报率更大。我们理财投资要明确一件事，就是投资获利是概率性事件而非确定性事件，也就是说，理财中没有百分百的上涨和下跌。同时，市场中的证券成千上万，真正的优质型证券更是凤毛麟角，此时集中投资恰好选中一只优质证券的概率较低，而分散投资则使得买中优质证券的概率大大增加，且组合纳入少数优质证券就可以带动整体收益率的提高。

最后，组合投资波动率更小。太集中的持仓，使得净值波动率太大，这样会增加投资者的心理压力，怀疑自己此前的投资操作而出现盲目离场，然后发现离场后，证券又快速上涨，而自己重新入场却已经来不及了的情况。

7.2　投资组合的搭建

虽然一千个人心中有一千个哈姆雷特，适合自己的投资组合各不相同，但是搭建投资组合的方法却是一样的。所以我们需要掌握组合的搭建方法，制定出最适合自己的投资组合。

7.2.1 确定投资策略

我们入市投资之前首先需要做的工作就是确定自己关于此次投资的策略。投资策略是整个投资活动的中心，后续的任何投资操作都围绕这一策略来进行。不同的投资策略将指导我们搭建出不同的投资组合。

投资策略包括两个方面的内容，即投资目标和投资对象。

（1）投资目标

投资目标指投资者在承担一定风险的前提下，期望获得的投资收益率。但是，投资目标不能想当然地设定，而是要根据实际情况来设定，否则设定的投资目标往往没有意义。

首先，要考虑自身的财务状况，在不影响日常正常消费支出的前提下使用闲置的资金来做理财。

其次，制定详细的理财目标，根据投资期限的长短，可以分为长期目标、中期目标和短期目标。对于普通的工薪族而言，常见的理财目标包括下面一些。

- **长期目标：** 大部分普通工薪族的长期目标都是养老，以确保在未来年老失去劳动能力时，自己的基本生活能够有所保障。
- **中期目标：** 工薪族的中期目标通常包括子女教育、家庭买房和医疗费用等。
- **短期目标：** 工薪族的短期目标一般以消费性的需求目标为主，例如买车、旅游和购物等。

但是，个人的投资目标制定好后，并不是就一成不变了，根据投资的实施情况及投资者实际需求的改变，投资目标也可能会发生变化，所以投资者尤其是一些制定了长期投资目标的投资者，可以隔一段时间调整一下自己的投资目标。

（2）投资对象

投资对象指的是投资者根据投资目标和理财产品的风险程度选择的证券品种。市场中的理财产品根据其风险程度的不同，大致上可以分为 3 类：货币类投资、债券类投资和股票类投资，风险由低到高，依次为低风险理财产品、中风险理财产品和高风险理财产品。

3 类理财产品包含的具体产品如下：

①货币类投资指储蓄、货币型基金和短期固定收益类理财产品等。

②债券类投资指国债、企业债、中长期固定收益类理财产品及偏债型基金等。

③股票类投资指股票、权证及偏股型基金等。

7.2.2　进行投资分析

制定好投资策略之后，还不能立即直接构建组合，我们需要对第一步中所确定的理财产品中的个别产品或是形成的投资组合做进一步的投资分析，确认这些理财产品的投资价值。

在分析时我们需要从以下 3 个角度入手，进行综合分析。

（1）产品类型

首先，我们需要结合产品的类型做分析，查看我们选择的理财产品是否适合投资目标，其次该产品是否为优质的理财产品。

在查看债券产品时，因为它的价格主要由债券利率、市场利率及期限决定，它的收益率主要受通胀水平及利率的影响，其最大的风险来自信用风险，所以我们需要尽可能地挑选信誉业绩良好的企业。

在查看保险产品时，首先需要确认保险的类型是否为保障与理财一体的银保产品。其次还要注意该产品的收益率和收益领取方式，最后还要确定它的保障功能。

在查看基金产品时，需要确认基金自身的业绩表现、基金经理情况及在同类基金中的排行情况等。

在查看股票产品时，既要注意查看企业的实力、背景，也要注意个股走势和大盘走势的实际情况。

（2）公司情况

除了查看产品本身之外，我们还需要分析产品背后的企业情况，主要是企业经营情况，不管是保险、基金、债券还是股票，任何理财产品的分析，都不能脱离其公司。

在分析公司情况时主要是从公司的年报入手，重点查看资产负债表、现金流量表、利润表和所有者权益表等财务报表，查看该公司的经营情况是否正常。

（3）行业前景分析

在分析时还要分析行业前景，确认选择的理财产品所属行业是否为发展前景较好的行业，以及企业是否为行业的龙头。一般来说，发展较好的行业龙头企业更具有长期投资价值。

7.2.3 搭建投资组合

通过前面的分析，确定了投资对象之后就可以搭建投资组合了。搭建投资组合实际上就是确定具体的各个证券种类和投资的比例。构建投资组合时应注意个别证券选择和投资时机选择问题。

虽然设置投资资金比例看起来很简单，但是想要制定出一个科学的适合自己的比例却不简单。这里介绍两种比较简单的投资比重划分方法，可以作为参考。

（1）80 定律

80 定律指的是通过 80 与投资者的年龄进行计算，简单得出高风险投资的应占比例，计算公式为：（80− 当前投资者的年龄）× 1%= 高风险投资所占比例。

例如，一位 35 岁的工薪族做组合投资，那么他的高风险投资占比为：（80−35）× 1%=45%，意味着该投资者的高风险投资比例不能超过 45%。

但这只是一个初步估算，至于具体的比例，投资者可以结合自己的经济实力、投资经验和风险承受能力来进行调整。

（2）4321 定律

4321 定律是一个家庭比较理想的资产配置方式，它指的是将家庭收入按照 4:3:2:1 的比例分成 4 个部分，其中 40% 的收入用于投资理财；30% 的收入用于应对家庭日常开销；20% 的收入用于储蓄，作为家庭生活的基本保障金，用于应对生活中可能出现的突发状况；10% 的收入用于保险，通过杠杆应对可能对家庭生活造成重大危机的意外。4321 定律只是一个比例概念，实际家庭的资产配置可以根据自己的理财目标和风险承受能力在其基础上进行调整。

这里再推荐一个比较稳健的投资比例，100%=50% 防守 +25% 稳攻 + 25% 强攻。这里的 50% 防守指 50% 的资金投资于政府债券或银行储蓄，作为底部稳定组合的基础；25% 稳攻主要针对中风险的理财产品，例如基金、保险等产品，目的在于承受一定风险的同时获取更多的收益；25% 强攻主要针对的是高风险的理财产品，例如股票，目的是争取更大的获利空间。

最后，在考虑投资占比时还需要考虑当前的经济环境，如果整体经济较好，则可以提高股票这一类的高风险产品的投资，追求高收益；如果整体经济环境不好，出现下滑，应该将资金转入债券市场；如果经济出现萎缩，应将资金转入货币市场。

7.2.4 进行组合修正

投资组合搭建完成之后，并不意味着结束，随着时间的推移，投资市场的不断变化，我们前期搭建的投资组合可能不再是最优组合了，所以还需要针对市场的变化，及时对搭建的投资组合做出调整，从而修正出一个新的投资组合。

修正投资组合最常用的就是固定比例法，它指的是我们在构建组合之初已经确定各类证券的占比，但随着证券市场的价格波动，使得最初的比例遭到了破坏，而不能起到平衡组合的作用，所以需要根据资金变化情况来调整，以维持这一不变的比例。

下面以一个具体的例子来进行说明。

理财实例

固定比例修正投资组合

某投资者投入 100 000 元以 60% 和 40% 的固定比例分别购买债券和股票。买进时股价为 10 元，当股价上涨至 15 元时，投资者股票投资从 40 000 元上涨至 60 000 元。

此时，在整个投资组合中，投资者的股票投资金额等于债券金额，打破了 60% 和 40% 的比例。因此，投资者需要将股票投资增值的 20 000 元部分，按照 60% 和 40% 的比例再次分配，即卖出 12 000 元的股票，并将其转化为债券，使之前的比例保持不变。

如果股票从 10 元跌至 5 元，投资者的股票投资从 40 000 元跌至 20 000 元，此时投资者的债券金额远大于股票金额，应卖出债券 12 000 元购买股票，使债券和股票投资的比例依然保持 60% 和 40% 的比例不变。

从案例可以看到，想要维持投资组合的平衡，就要注意调整资金，保持比例不变。但是需要注意的是，证券市场的价格是动态波动的，这就使得比例永远不可能固定不变，投资者则需要多次反复地买卖进行调整，而这样的调整是无效的。

所以我们应注意调整的频率，正常的波动可以不用过分在意。调整的时间不能过于频繁，通常 3 个月、半年或一年调整一次，具体的调整频率以当前的市场行情来确定，如果当前股市处于牛市行情，股价上涨，投资者可以提高调整频率；如果当前股市处于熊市，股价下跌，投资者可以降低调整频率，这样可以提高收益率。

7.3　不同风险爱好者的组合配置

通过前面的介绍，我们知道投资者有多种投资风格，且不同的投资风格会产生不同的投资组合配置，本节从保守型、稳健型和激进型 3 类投资风格出发，介绍不同风险爱好者的组合配置。

7.3.1　保守型组合投资的资产配置方案

制定保守型组合投资的资产配置方案时主要从适合人群、投资建议和投资比例 3 个方面入手，具体如下：

◆ 适合人群

保守型组合投资者主要是指一些每月工资收入不高，相比高收益更追求资金安全的工薪族投资者。

◆ 投资建议

这类投资者在产品的挑选上，更偏向于安全性高、收益低，但资金流动性较高的理财产品。

◆ 投资比例

投资资金的比例建议为：低风险理财和保险 70%，其中低风险理财占比 60%，保险占比 10%；固定收益类理财 20%；其他投资 10%。储蓄、保险和固定收益类理财方式都属于收益稳定、风险较小的投资方式，就算投资失败也不会影响到个人或家庭的正常生活。

理财实例

“90 后”夫妻的家庭理财规划

一对刚刚结婚不久的“90 后”夫妻，两人的工作时间都在 3 年以上，基本进入稳定期，未来的收入和职位也逐步呈上升趋势，目前工资收入是家庭收入的主要来源。

夫妻二人每月收入共 12 000 元左右，年终时夫妻俩还有近 40 000 元的年终奖，每月生活开销 2 000 元，每月房贷 3 000 元，银行存款 20 000 元。因为夫妻二人在未来两年内有生孩子的计划，所以打算通过理财使财富增值，提前为抚育孩子做好准备。

根据上述介绍，我们知道这对夫妻的理财目标主要包括两点：

一是提高对资产的规划和管理，实现财富增值。

二是提前筹备孩子的抚育资金。

想要搭建出合适的组合投资需要对其实际情况进行分析，具体如下：

（1）理财分析

从财务状况来看，夫妻二人还比较年轻，工作比较稳定，未来的职业发展值得期待，所以总的来看，家庭的收入比较可靠和稳定。这对夫妻的家庭财务情况大致计算如下：

家庭年收入：12 000×12+40 000=184 000（元）

家庭年支出：（3 000+2 000）×12=60 000（元）

家庭可支配收入：184 000−60 000=124 000（元）

银行存款：20 000 元

从家庭的资产、消费和收支情况来看，这对夫妻目前的结余率为 67.39%（124 000÷184 000），即每年夫妻二人的收入中有近 67% 能节省下来。这说明这对夫妻家庭支出控制能力较强，也说明这对夫妻净资产累积的能力较强，同时这部分结余资金也是理财中的重点规划对象。

其次，夫妻二人每月收入共 1 2000 元，每月还房贷 3 000 元，负债率为 25%（3 000÷12 000）。家庭月还款额应该不高于家庭月收入的 50%，所以该夫妻的负债率较低，还款能力较强。

最后，夫妻二人没有任何的理财投资计划，唯一的理财手段就是银行储蓄，资金利用效率非常低。如果想要实现理财目标，就需要对目前的家庭资产结构进行调整，建立投资组合，优化资产配置。

（2）理财规划

因为夫妻二人缺乏实际的理财经验，且工资收入不算高，所以理财投资应该以保守型为主。

首先，夫妻二人虽然现在处于年轻力壮、精力最充沛的时期，但是因为长期工作形成的压力，以及加班和不规律饮食等，都可能对身体造成重大的伤害，进而影响家庭的收入和稳定。所以应该考虑选择一些对家庭经济在遭受重大影响时有保障的重疾保险。

其次，如果以后生育小孩，子女的教育费用将是家庭中的重大开支项目，且是刚性需求，所以需要提前为孩子做好打算。从孩子的教育经历来看，义务教育阶段花费相对较低，高中、大学花费则更高，所以需要提前储蓄专款专用，保障孩子将来的学习生活。此时可以考虑每月定存保险教育金，而且保险独有的保费豁免功能，也能避免出现投保人遭遇特殊意外不能继续交费而使孩子失去教育金的情况。

在考虑了保险之后，还需要预留一定的生活保障金，避免夫妻二人出现因失业而导致生活陷入困境的情况。目前，该夫妻每月开销为 5 000 元，应预留 3 ~ 6 个月的开销作为生活保障金，所以可以将固定存款的 20 000 元作为生活保障金。生活保障金尤其需要注意资金的流动性，所以可以考虑将其存入低风险、资金流动性强且支持随存随取的货币基金中。

因为夫妻二人每月的工资为主要收入来源，每月开销后的结余为理财投资对象，所以更适合一些投资门槛较低、时间周期固定的理财工具。

基金定投是一个很好的投资工具，能够强制储蓄、平均成本、分散风险，有复利效果，能积少成多，并可以根据家庭情况、个人投资风格，选择不同的起点金额和不同类型的基金。但是，基金定投也存在一定的风险，所以在选择定投基金品种时要注意选择中风险或中低风险的品种。

在资金投资比例方面，可以按照 1:1:4:4 的比例进行配置。

以 10% 的比例定投高度灵活、风险较高、高收益的股票型开放式基金；以 10% 的比例适当购买保障型保险，保障家庭财产安全；以 40% 的比例投向高度灵活、风险适中、利润适中且变现容易的投资品种，例如混合型开放式基金、债券型基金；以 40% 的比例投向安全可靠、保证收益或收益适中、低风险的投资品种。

7.3.2 稳健型组合投资的资产配置方案

制定稳健型组合投资的资产配置方案时主要从适合人群、投资建议和投资比例 3 个方面入手，具体如下：

◆ 适合人群

稳健型组合投资主要针对的是收入中等以上，具有一定风险承受能力，希望能够快速实现财富增值的工薪族。

◆ 投资建议

这一类的投资者并不满足于保守型投资者那一类的稳定收益，且因为自身具有一定的抗风险能力，中上等收入，所以更渴望投资一些收益稍高、获利空间更大的理财产品。

◆ 投资比例

投资资金比例建议为：储蓄和保险 40%；固定收益类理财 20%；股票投资 20%；其他投资 20%。这种投资组合适合 35 岁以上的收入稳定、具有一定经济实力、能够承受一定风险，即便遭受损失也有能力继续投资的家庭。也适合 45 ~ 50 岁的稳定家庭，此时孩子成家了，家庭基本无负担，手头上还有一些积蓄。

理财实例

中等收入工薪家庭稳健型理财

陈先生夫妻二人年龄都在 38 岁左右，两人有一个 10 岁的孩子。陈先生在一家企业做管理，月收入 12 000 元，另有年终奖 3 万元。妻子是资深职员，月收入 7 000 元，每年 14 薪，无其他收入。

两人单位均正常缴纳五险一金。目前陈先生的家庭财产有：银行存款约 100 000 元，股票 50 000 元。在开销方面，家庭每月固定开支约 7 000 元，另外，养车费用每月 1 500 元，以及每年旅游两次，花费约 10 000 元。家庭有房一套，价值 180 万元，无房贷。

因为他们处于消费水平偏低的三线城市，以两人的收入水平来看，维持中等生活水平基本不成问题，但是陈先生想要通过理财实现资产的平稳增值，回报率可以超过定期存款，使两人退休后的生活能够更舒适安稳，还希望为孩子今后的学习生活提供一些好的物质条件。

（1）理财分析

从上面的介绍可以看到，陈先生夫妻双方工作都相对稳定，收入处于城市中等水平，有一定的经济基础，其风险承受能力处于中等水平。理财期许大致为：通过较为安全的理财工具，实现家庭资产的保值、增值；为子女提供较好的受教育条件，并为其今后的成家立业、养育孩子提供一些基础、适当的帮助；为退休后的生活做良好的铺垫。这也是很多人到中年、收入中等、财务偏稳健型家庭的理财方向和操作要点。

从财务状况来看，家庭财务状况大致计算如下：

家庭年收入：12 000×12+30 000+7 000×14=272 000（元）

家庭年支出：7 000×12+1 500×12+10 000=112 000（元）

家庭可支配收入：272 000−112 000=160 000（元）

银行存款：100 000 元

股票：50 000 元

房产：180 万元

从上述财务统计来看，陈先生的家庭收入属于中等水平，而支出方面则属于开支较少的类型，所以每年都有较多的资金剩余，约 160 000 元。另外，从资产总额来看，房产价值较高，其他的银行、股票类资产的价值属于中等，有较大的改善空间。

（2）理财规划

因为陈先生属于稳健型的投资者，在实际的投资活动中虽然强调资本金的稳定，但是也能适度参与资本市场的投资，可以承受一定的投资波动。所以陈先生愿意将一部分资产投资于高风险高收益的产品，以换取长期较高的回报，并将一部分资产投资于低风险、低收益的产品，以取得投资组合的均衡发展。故此，陈先生的家庭理财规划如下：

一是购买银行发行的定期理财产品，这类产品主要投资于债券类稳定型资产，收益比较固定，风险较低，但是其收益率却高于银行储蓄。

二是购买商业型养老保险，提前为养老生活做好准备。

三是购买债券，债券收益稳定，风险极低。

四是投资开放式基金，例如股票型基金、债券型基金及混合型基金等。

五是股票投资，陈先生本身在做股票投资，具有一定的股票投资经验，可以适当提升股票投资比例。

六是银行储蓄，银行储蓄可以使整个投资组合更平衡也更稳健。

它们之间的资金比例可以按照“10% 保险 +20% 银行存款 +20% 债券 +30% 基金 +20% 股票”进行配置。

7.3.3　激进型投资组合

制定激进型组合投资的资产配置方案时主要从适合人群、投资建议和投资比例 3 个方面入手，具体如下：

◆ 适合人群

激进型投资组合适合一些收入丰厚、资金实力雄厚且投资无后顾之忧的投资者，或者是一些投资经验丰富的投资者。因为财务状况十分乐观，或者因为投资期限较长，导致他们的风险承受能力很强，所以他们通常为了追求最大回报，愿意承受资产价格的短期大幅波动风险，甚至相对长时间的亏损。但承担较高风险水平的同时，在大多数情况下，也往往能够取得较高的收益回报。

这一类投资者更愿意将大部分的资金投资于股票类资产或股票型基金这类高风险的理财产品中。但为了保证投资的收益，需要保证资金的闲置时间，做到长期投资。

◆ 投资建议

对于激进型的投资组合而言，组合中的绝大部分资产都投资了高风险、高收益的理财产品，并且从投资角度来看，投资期限较长。所以为了保障日常生活不受到影响，应该配置一些低风险的、资金流动性较强的产品，例如货币基金、保险等。

◆ 投资比例

投资比例建议为：保险和低风险理财产品投资 25%；指数基金、混合基金等中高风险类理财产品投资 25%；房地产、股票类、期货类投资 50%。

理财实例

激进型投资风格下的家庭资产配置

王先生今年 40 岁，妻子 41 岁，夫妻二人结婚 10 余年，孩子目前正在读高中。王先生在一家大型企业做高管，妻子在一家企业做管理层，夫妻二人年收入合计在 80 万元左右。

目前王先生有自住房产一套，出租房产一套，房产均无银行贷款，另外，银行还有 40 万元存款，股票 10 万元。

因为王先生的家庭收入较高，具有较强的经济实力，且对金融市场比较感兴趣，愿意主动理财，所以投资风格偏向于激进型。

（1）理财分析

从上述介绍来看，王先生的家庭收入状况良好，基本实现财务自由，所以是想要通过理财来实现财富增值。

并且王先生和妻子的年龄处于 40 ~ 60 岁，是财富增长阶段。在这一阶段的员工一般会做到企业中层或高层管理人员，财富积累到一定程度，会开始思考退休后的生活，投资期限偏中期，风险承受能力较强。

（2）理财规划

为此，我们可以按照下面的比例来进行资产配置。

首先要准备足够日常花销的钱，再用手中的余钱做投资。因为王先生家每月开销在 2 万元左右，所以可以准备 6 ~ 10 万元左右的生活备用金应对生活中可能出现的突发状况。可以将这部分资金投入货币基金或是银行活期储蓄，方便及时取出。

配置 10% 的保险产品，防患于未然，避免一些突发事故的出现使家庭生活遭受重创。保险包括意外险、子女教育险和父母养老保险。

配置 15% 的低风险理财产品，例如债券、定期理财等，其目的在于维持投资组合的平衡，当高风险产品遭受重创而损失惨重时，这部分资产可以抵御一定程度的伤害。

配置 25% 的中高风险理财产品，例如债券型基金、混合型基金、股票型基金及指数型基金等。

配置 50% 的高风险理财产品，例如股票理财产品。股票市场收益高，能够实现资产的快速增值，但是风险也较大。在投资之前，投资者要做好市场分析与行情的研判。

7.4 资产组合之外的同一产品组合投资

前面我们介绍了投资者个人资产的组合投资，即将资产按照不同的投资比例投资于不同的理财产品中。但除了资产组合之外，在同一产品中也存在组合投资，例如基金、股票。

这类理财产品投资风险较高，投资者在实际投资时往往不会将资金投资于某一只基金或股票上，而是将多只基金或股票进行组合投资，这样才能降低投资风险。但是，基金或股票的组合投资也需要遵循一定的组合配置原则，才能让组合真正起到抵御风险的作用。

7.4.1 构建一个稳定的基金组合

我们知道基金的类型有很多，包括货币型基金、债券型基金和股票型基金等，不同类型的基金风险程度不同，我们在实际的基金组合搭建中就需要利用各类基金的特性，使组合更平衡，从而有效分散投资风险。

但是，构建基金组合并不是简单地购买几只基金就可以了，它需要在一个总的投资策略引导下搭建出一个完整的、有投资倾向的基金组合，且组合中每只基金有自己的职责和作用。

搭建一个完整的基金组合需要经过以下 4 个步骤：

（1）确定投资策略

投资策略是搭建基金组合的核心，基金的实际选择都围绕投资策略进行。具体的投资策略根据不同投资者的不同投资目标而不同，但大致来看，基金组合的投资策略有以下几类。

①根据自己的投资风格来搭建基金组合，如果是激进型投资者，可以适当调高偏股型基金的比例；如果是稳健型投资者，可以将偏股型基金的比例降至 50% 以下；如果是保守型投资者，应将组合的重心放在稳健型的债券基金或货币基金上。

②根据市场行情来搭建投资组合，市场行情趋好，表现出牛市特征，则可以加大股票型基金比例；如果市场走弱，表现出熊市特征，则以防守为主，加大债券型基金的比例。

③根据不同基金的主题进行配置，例如一些热门行业，基金重点配置；一些冷门行业，基金则少量配置。

（2）筛选组合成员

确定好投资策略之后就可以开始筛选组合成员了，在筛选时首先要依照投资策略进行筛选。其次在具体选择某一只基金时要充分了解其信息，包括历史业绩表现、基金经理和基金公司等。

（3）资金比例配置

确定了具体基金之后，还需要确定各类基金的资金比例。基金组合配置比例是由投资者的投资策略来决定的，股票型基金的比例越高，则基金组合的风险越大；债券型基金和货币型基金的比例越高，则基金组合越稳健。

（4）调整组合

构建完成之后并不代表结束，我们还需要通过之后实际投资过程中各基金的表现和反应来对基金组合进行调整。如果组合中某只基金表现极差，与预期不符，那么我们需要考虑是否将其换掉。

下面介绍几种实用性较强的、比较经典的基金组合模型，投资者借助组合模型搭建自己的投资组合，更快捷也更科学。

◆ 哑铃式投资组合

哑铃式投资组合最早出现在债券投资中，由于该组合只持有短期（1 ~ 5 年）和长期（25 ~ 30 年）的债券，而不持有中间期限（6 ~ 24 年）的债券，呈现出两头集中的分布形态，形似哑铃，所以被称为哑铃式组合。

如今，哑铃式投资指的是选取两种风格差异较大的产品进行组合投资，这样可以回避一些市场波动带来的损失。以基金为例，选取基金组合投资时，应选择风格差异较大的产品，如图 7-2 所示。

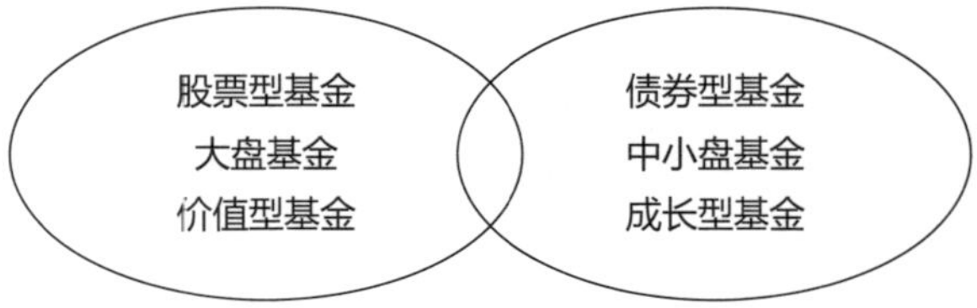

图 7-2　哑铃式基金组合

从上图可以看到，选择风格完全不同的产品进行组合，通过优势互补增强投资组合的稳定性。

◆ 金字塔式基金组合

金字塔式的基金组合是运用最频繁也是最广泛的一种基金组合形式。金字塔组合就是大量配置较稳健的债券基金、货币基金，作为金字塔的底层，构建组合的底部，为组合打好坚实的基础，通常比例在 50% 左右；再适量配置一些风险适中的灵活配置型基金，通常比例在 35% 左右；最后以高风险的投资来博取高收益，作为金字塔的顶层，投资比例在15%左右。

图7-3所示为金字塔式基金组合示意图。

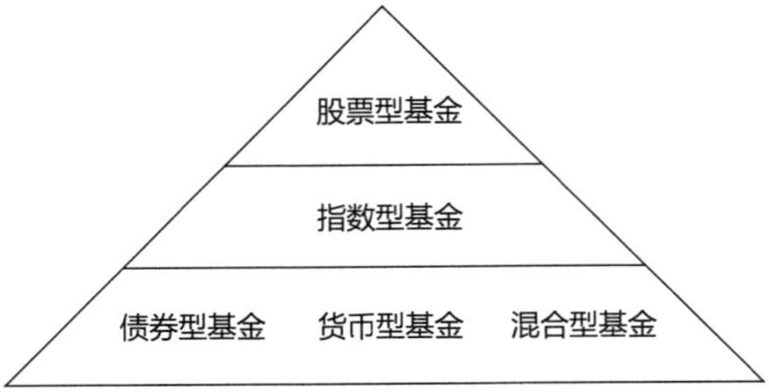

图7-3　金字塔式基金组合

当然，基金组合的比例不是固定不变的，需要投资者根据自身的实际情况进行配置。另外，基金组合构建成功之后也不是一成不变的，还需要对基金组合进行监控管理，以便及时对其做出调整和改善。

◆ 核心卫星式组合

核心卫星式基金组合是一种比较灵活的基金组合方式，首先在组合中选择一个长期业绩突出、表现优异，并且比较稳健的基金作为核心，然后再选择一些短期业绩突出的基金作为卫星，结构如图7-4所示。

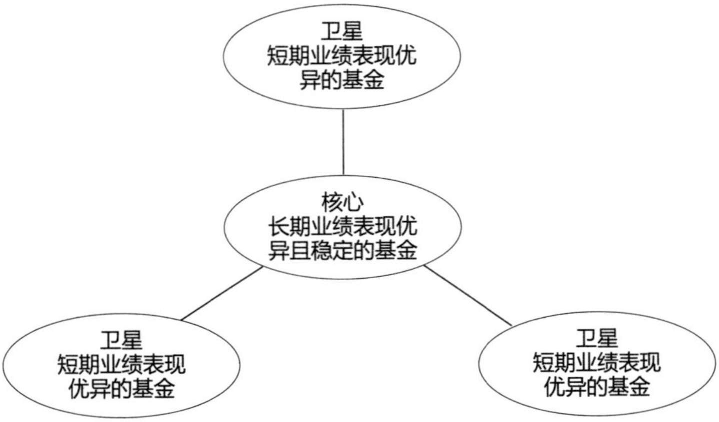

图7-4　核心卫星式基金组合

核心卫星组合结构以核心作为稳定组合的重心，以卫星来调整组合的变化，以增强组合的收益性。这样的组合形式能够在保证组合长期稳定发展的情况下，保留基金组合的灵活性。

对于核心部分，因为其目的在于稳定基金组合，增强组合的抗跌性，为了保障这部分基金出现正收益、长期走势较为稳定，投资者可以配置 3 ~ 5 成的资产在这里，并且选择价值型宽基指数、长跑价值型、消费型或医疗等主题的基金。选择的数量在 1 ~ 3 只即可，如果数量过多不仅会给管理造成负担，还会对基金组合的稳定性产生影响。

而卫星部分，因为这部分的目的在于博取高收益，可以选择一些市场中热门行业的基金，例如成长类宽基指数基金、科技类指数基金等，选择的数量在 2 ~ 3 只即可。

7.4.2　搭建一个股票投资组合

股票投资组合指投资者根据各个股票之间不同的风险程度、获利能力等因素，按照一定的投资策略进行选择、搭配，形成组合，以降低投资风险的方法。

股票投资组合的搭建原理就是利用各个股票的涨跌不同步，当有的股票上涨时，有的股票却在下跌，这样即便投资者组合中的某一只或多只股票在下跌，也能在其他股票上获得一定的收益补偿，从而实现风险的规避。

股票投资组合并不是简单的分散投资，而是在遵循“小赔大赚，总体盈利”的前提下，根据一定的组合规则来进行配置，这样才能搭建一个真正稳健的股票投资组合。

搭建股票投资组合通常需要从以下几个方面来进行考虑。

（1）仓位配置

股票组合投资的核心在于仓位分散，避免仓位过度集中。因为投资者将所有本金一次性投资单只股票时会发现，在遭遇下跌行情时难以回本，投资风险过大。

以 10 万元为例，回本情况具体如下：

当亏损达到 10% 时，本金为 9 万元，需要涨幅达到 11.11% 才能回本。

当亏损达到 20% 时，本金为 8 万元，需要涨幅达到 25% 才能回本。

当亏损达到 30% 时，本金为 7 万元，需要涨幅达到 42.86% 才能回本。

当亏损达到 40% 时，本金为 6 万元，需要涨幅达到 66.67% 才能回本。

当亏损达到 50% 时，本金为 5 万元，需要涨幅达到 100% 才能回本。

而在实际的投资过程中，投资下跌达到 20% ~ 30% 很容易，想要实现 30% 的上涨却非常难。所以，我们应该以 10% 的跌幅作为风险承受上限，因为此时我们回本涨幅仅需要 11.11% 即可，比较容易达到。

在单只股票的仓位分配比例中，比较合理的比例是本金的 20% 左右，此时，以 10 万元为例，20% 的本金 2 万元投入单只股票，当个股损失达到 10%，即 2 000 元时，从总的投资本金来看，也仅占比 2%，回本比较轻松。

从理论上来看，我们的仓位比例分配越低，个股数量越多，下跌回本的速度也就越快，投资风险也就越低。但是，过度的分散不仅不利于个股的跟踪和操作，而且还会对股票组合的整体收益造成不良影响，所以一般个股数量应保持在 5 只左右比较合适。个股的仓位比例也应该在此基础上进行分配。

（2）波动率

股票的波动率指的是股票价格波动的幅度大小，股票价格涨跌幅度越大，价格走势来回拉锯的程度越激烈，说明它的波动率就越大，反之也就越小。

股票的波动率与个股的风险程度直接相关，波动率大的个股，说明其价格走势极其不稳定，一会儿急涨，一会儿急跌，投资者买进之后虽然有大涨的可能，但也存在大跌的可能，风险较高；而波动率低的个股，说明其价格走势比较稳定，投资者买进后不会出现大涨大跌，盈亏差异不大。

在股票组合投资中，我们可以将大波动率的个股和小波动率的个股进行组合，长期持有小波动率的个股获得稳定的长期收益，同时短期持有大波动率的个股博弈高收益空间。

我们可以通过波动指标来识别股票波动率的高低，例如波动幅度指标 ATR、简易波动指标 EMV 及肯特纳通道指标等。这里以简易波动指标 EMV 为例进行介绍。

理财实例

简易波动指标 EMV 判断个股波动率

简易波动指标 EMV 是根据等量图和压缩图的原理设计而成，目的是将价格与成交量的变化结合成一个波动指标来反映股价的波动情况。

图 7–5 和图 7–6 展示的是两只个股的 EMV 指标对比情况。

图 7-5 德赛电池的 EMV 指标

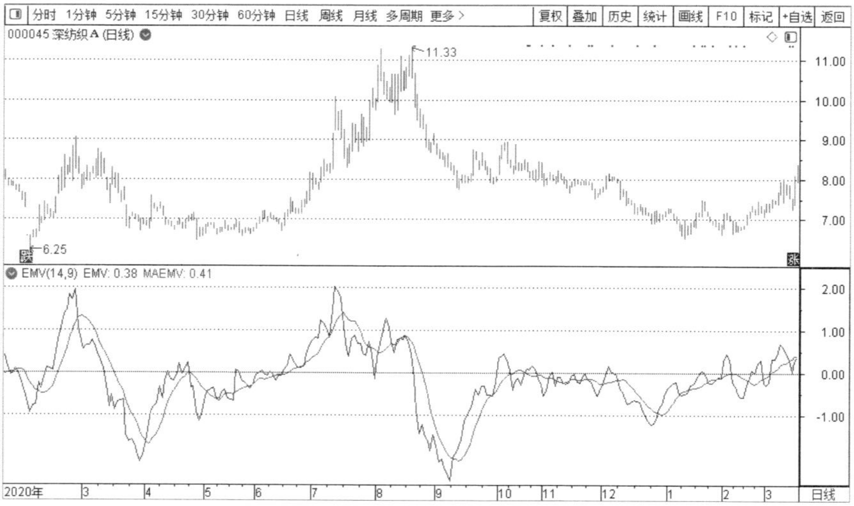

图 7-6 深纺织 A 的 EMV 指标

波动指标 EMV 由两根曲线组成，一根为 14 日 EMV，另一根为 9 日 EMV 移动平均，当然参数的数值可以根据投资者的实际需要进行修改设置。

从上图可以看到，德赛电池的 EMV（14,9）EMV:0.23 MAEMV:0.11，深纺织 A 的 EMV（14,9）EMV:0.38 MAEMV:0.41，所以深纺织 A 的波动率大于德赛电池。

（3）不同类型的上市公司

筛选个股实际上也是在筛选上市公司，实力强劲的上市公司更能带动股票价格的上涨，为投资者创造收益。上市公司通常分为 6 种类型：缓慢增长型公司、快速增长型公司、隐蔽增长型公司、稳定增长型公司、周期型公司及困境反转型公司。

不同类型的上市公司具备的投资风险及产生的回报收益率都是不同的，为了平衡高风险公司带来的高风险，我们需要将资产配置到不同类型的上市公司中。

除了上面介绍的几点之外，还可以在时间、个股行业等方面进行组合分配，只要将个股进行多元化的组合搭配即可，避免在某一方面过分集中。

7.4.3　理财 App 上的投资组合搭建

从前面的组合搭建介绍中我们可以看到，不管是基金组合搭建，还是股票组合构建，都需要从各个方面来对其进行充分的考虑，否则组合难以起到实际有效的作用。

但是，很多投资者尤其是新手投资者在实际操作时感到非常困难，不知道应该如何下手，怎么办呢？

其实，如果我们自己不懂组合搭建，缺乏搭建经验，那么此时可以来看看别人搭建的组合，适当参考，这样一来组合搭建就更容易了。

现在很多理财 App 都提供了这样的功能，使用起来也非常便捷，下面以雪球 App 为例进行介绍。

理财实例

雪球 App 基金组合推荐

下载并安装雪球 App，然后登录 App 进入首页，在页面中点击“基金”

按钮。进入基金理财页面，在页面上方点击“基金组合”按钮，如图 7-7 所示。

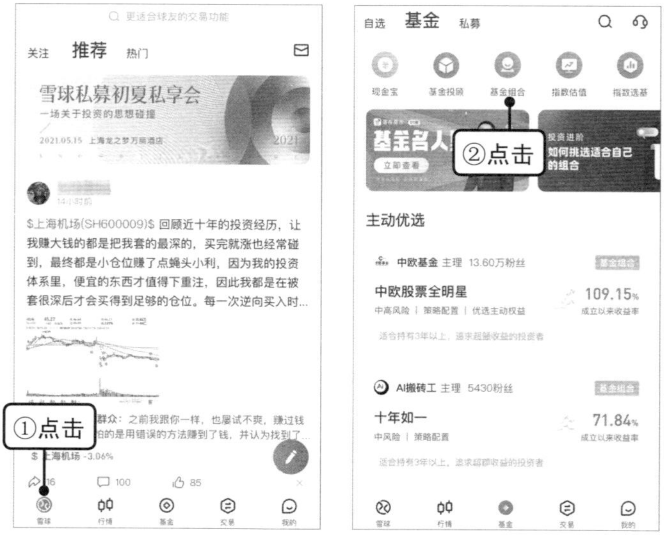

图 7-7　点击“基金组合”按钮

进入“基金组合”页面中，在该页面中根据不同的投资策略和风格列出了许多基金组合，这里选择“积极增值 / 螺丝钉主动优选组合”基金组合，如图 7-8 所示。

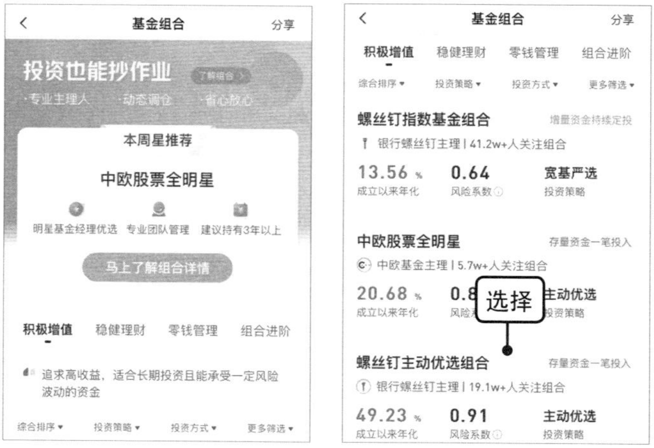

图 7-8　选择基金组合

进入组合详情页面，在页面中可以看到该基金组合的业绩表现数据和收益曲线，如图 7-9 所示。

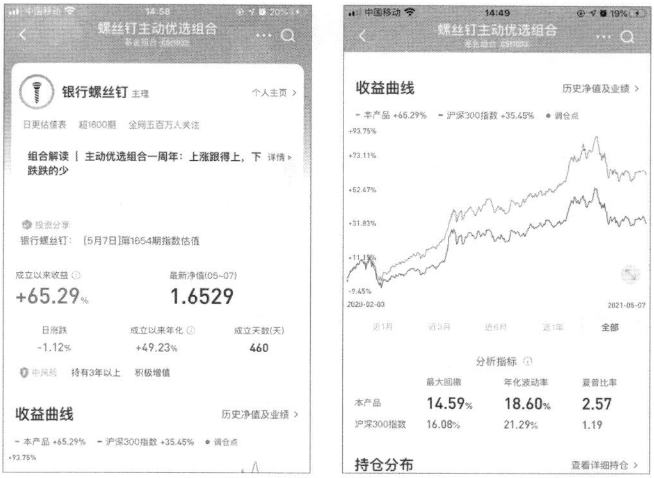

图 7-9　基金组合详情

继续向下滑动还可以看到基金组合的持仓分布情况，如 7-10 左图所示，点击持仓分布后的“查看详细持仓”超链接，可以查看基金组合的具体持仓情况，如 7-10 右图所示。

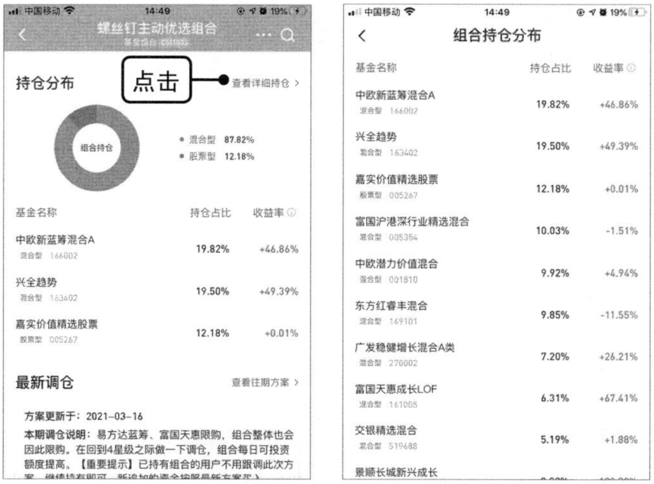

图 7-10　查看基金组合的持仓情况

在查看基金组合信息之后，可以直接在雪球App中购买该基金组合，当然也可以在此基金组合的基础上做出调整，搭建更适合自己的基金组合。

理财实例

雪球App股票组合学习

股票组合与基金组合有一些不同，雪球App中没有直接的股票组合推荐，但是我们可以向一些经验丰富的投资者学习，看他们的股票组合，然后搭建自己的组合。

进入雪球App首页，软件会推荐一些投资者的观点，可以在此页面中选择一些比较感兴趣的、经验丰富的投资者进行查看，点击用户头像，进入用户页面，在用户页面可以看到该用户的基本情况，点击“组合”超链接，如图7-11所示。

图7-11　进入用户页面

进入该用户的组合列表页面，在该页面选择组合进行查看，这里选择“2020年实盘”股票组合。随后进入该股票组合的详情页面，在该页面可以查看该股票组合的业绩表现情况，如图7-12所示。

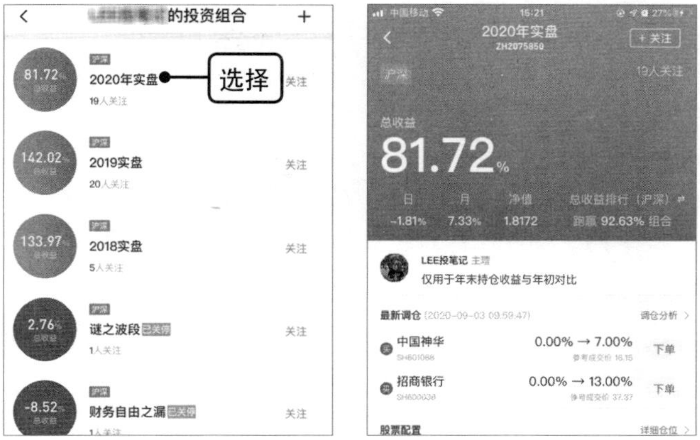

图 7-12　查看股票组合业绩表现

向下滑动页面可以进一步查看股票组合的行业配置环形图和该股票组合的收益率走势图，如图 7-13 所示。

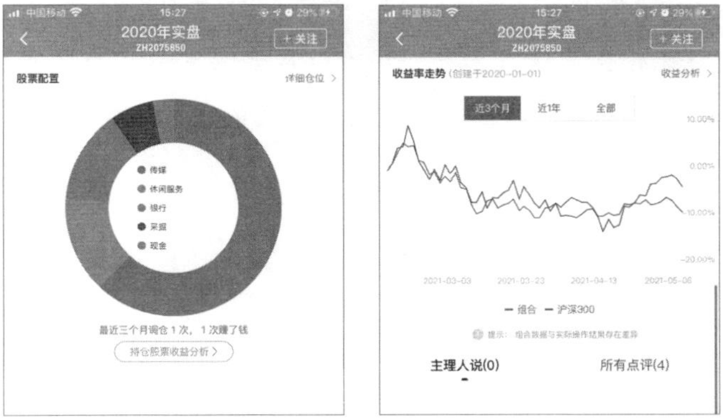

图 7-13　查看股票组合配置环形图和收益率走势图

在该页面中，用户可以直接点击股票配置后的“详细仓位”超链接，查看该股票组合的详细仓位情况，如每只个股的名称和资金占比情况，如 7-14 左图所示。

点击收益率走势后的“收益分析”按钮可以查看该股票组合的具体收益分析报告，如 7-14 右图所示。

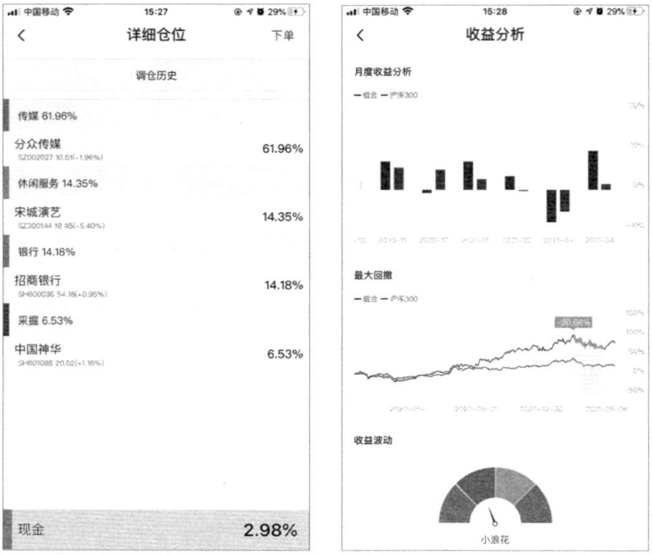

图 7-14　查看股票组合仓位详情和收益分析

如果用户比较认同该股票组合，可以在雪球 App 中直接买进该股票组合，当然也可以参考该股票组合重新搭配自己的股票组合。